大夏书系·数学教学培训用书

课堂不能只教知识

小学数学精彩课堂10例

张范辉 著

华东师范大学出版社

ECNUP

上海
著名商标市

全国百佳图书出版单位

CONTENTS 目 录

推荐序　思想无边界　行动有方向

收到范辉发来的书稿时，心里既欣慰又激动。一方面，为他稳健扎实的成长而喝彩；另一方面，看到以范辉为代表的一批中青年教师的茁壮成长，为启东、南通乃至江苏的小学数学教育注入强劲活力，每每想来内心都会不由自主地生发高兴。

很多人喜欢把教育喻为"农事"，以此来比方育人是"慢事"，急躁不得。乍一听，颇有道理，但细想，如果单单以放缓教育工作的节奏，以"减轻学生的课业负担""教育是慢的事业"之类的说法来回应当下教育的浮躁，只用"慢"的倡议来应对教育的急功近利的话，那么"农事"之说最终也只能归于浅薄。

"农事"之喻至少还有一层用意，即农事需深耕。同理，教育需要改革，以改革行动来去弊除劣、提升效益。缺乏改革的意志与行动，教育的浮躁与急功近利的问题仍然是无解的。

自 2001 年始的新一轮课程改革，至今已逾十年，教育的田野上气象万千，老师们不断更新观念、推陈出新、自由发展，思想之花在广袤的教育原野上灿烂绽放，一批研究型教师、专家型教师在教育教学过程中不断学习和发展，既成就了自己，更成就了学生，同时还找到了属于自己的职业幸福感。课程改革不断改变着教育的传统面貌，在中国教育发展历程上书写着浓墨重彩的篇章。

范辉就是这十多年教育改革进程中成长起来的代表，他稳稳立足于自己的教育田野，不浮躁、不功利，脚踏实地，持续学习、积极实践，在小学数学园地里深耕细作，把握数学教育发展的方向，领悟课程改革的意义内涵。阅读吸纳，让他的教育视野具有了广度；探索思考，让他的教育领悟具有了深度；行动实践，让他的教育观念具有了厚度。阅读、思考与实践三位一体，使他在专业发展的道路上一步一个脚印，越走越远。"十年磨一剑"，范辉以这本书来体现他对于小学数学教育的主张与实践。

首先，"课堂不能只教知识"体现了范辉的学科育人观。从书中可以看到他的数学教学观从科学性向科学文化性拓展，他尝试着通过数学学科的智慧与理性来体现与达成立德树人的根本要求。数学教育的目的不只是让学生习得数学知识，实现知识的增长，更重要的是让学生获得数学学科素养，养成独立思考的能力，并进而具备创造性、创新能力，即教育的本质是生命教育。

第二，"课堂不能只教知识"也体现了他的教学主张。除了知识，小学数学课堂还要教什么？范辉通过 10 个数学课例告诉我们，数学课堂应基于儿童学习心理发展规律，遵循并挖掘数学学科之理，以智生理，以理促智，生能力、蕴素养、成智慧，以思维点亮，用思想濡染，数学教学目的就是要走向智慧课堂，培养理性学生，从而让数学教育创造属于未来的生命之美。由此可见，范辉的理想之高远，思想之自由，而这才是一位优秀的青年教师应有之品质。

第三，"课堂不能只教知识"说明范辉的关注点始终在课堂。"课改"首先需要"改课"，只有持续地改良课堂面貌，改善师生关系，改变教学理念，才能真正体现教师的价值，才能让课程改革的宏伟蓝图、宏大理念最终落地开花。在不断的思考实践中，范辉的课堂也逐渐具有了一种"形散神聚"的风格，形散意味着他的教学思想灵动、思维触角自由，可以延伸到更远的地方，引领儿童在数学的世界里自由创造，但形散也并非信马由缰，课堂始终于形散中有神聚，神聚意味着他的课堂目标明确、思维路径清晰、教学结构合理，在自由创造中有明确的方向。

　　本书提供了10个课堂案例，从每个案例的"教学实施"中，我们可以清晰地感受到范辉的数学课堂除了知识与技能的传习，更有着促进儿童能力素养的提升与人文价值的养成。从"教学反思"中，我们可以感悟到范辉对教学观念、教学实施、儿童学习课堂诸多要素的洞悉与探微，正是有了这样深刻的反思，他才能更为自信、自在、自由地行走在数学教育的原野之上。

　　启东滨海临江，积沙成陆，勤劳的启东人民开疆拓土、辟吾草莱，成就了今日之水土丰茂的广袤大地。如同此景象一般的，是范辉于教育的原野上歌唱与深耕、晨起而暮省，正是在这样的学、思、行、省中，开辟着属于他和儿童成长的一方教育沃土。

　　以此为序。

江苏省特级教师

启东市教师发展中心小幼室主任

蔡宏圣

自序 我的数学教学原则

曾听到有特级教师提出数学教学六字原则，即"学概念、做练习"，这六字原则听起来没错，但这样的数学教学仅仅着眼于知识层面，最终将导致学生对数学的误解和偏见，认为数学就是枯燥的公式和定理，学数学就是做习题，从而害怕数学、远离数学。

因此，我们必须先回答一个重要问题：数学学习是为什么？

通过数学学习，能解决生活中的实际问题，即数学的工具性价值，这是其一。通过学好数学，能顺利走进高一级学府，即学习的功利性目的，这是其二。工具性价值与功利性的目的在当下都是现实，也是数学学习过程中必需的，甚至是重要的，但如果仅限于这两层意义，那我们对数学教育的理解就是片面的，狭隘的，窄化的。数学学习还是一个更高远的目的，那就是通过数学学习，得到数学方面的修养，获得科学的方法，养成严谨求实的精神和态度，练就敏锐而严谨的思维。

而这一层意义就是数学教育的人文内涵。

培根说，数学是打开科学大门的钥匙。柏拉图也认为，数学是一切知识中的最高形式。数学是一门充满魅力的学科，数学教师要以数学的特质来教学，用数学的思想来育人。

数学新课标出台后，数学教材变了，数学课堂教学的方式也发生了变化。

新课标指出"教学活动是师生积极参与、交往互动、共同发展的过程""有效的教学活动是学生学与教师教的统一"。"学教统一"已经成为小学数学课堂教学的原则。强调"学教统一",对原有的教学观念进行纠偏,体现了教师在教学过程中的主导作用,强调学,更多的是立足知识能力层面,强调"学教统一"是把数学教学从知识、能力层面向价值层面、文化层面推进。

义务教育阶段的数学课程,强调从学生已有的生活经验出发,让学生亲身经历将实际问题抽象成数学模型并进行解释与应用,使学生获得对数学理解的同时,在思维能力、数学素养与价值观等方面得到进步和发展。

具体而言,我们可以通过探寻数学知识形成的原因及给世界带来的变化,让学生体验数学发展的内在动力和价值意义,帮助他们形成科学的价值观;通过还原人类探索数学知识的曲折过程,帮助学生养成坚持真理、修正错误、严谨求实的科学态度,以及不惧困难、坚忍不拔的意志品质;通过挖掘数学课程在思维能力和创新能力方面的独特优势,创造数学学习活动与学生心理发展的共振点,激发他们对数学的好奇心、求知欲和自信心。通过这些方式,让学生在数学学习中形成高尚情感、科学态度、理性精神。

东北师范大学前校长史宁中教授认为,数学思想有三个维度:抽象、推理、模型。就是说用数学的眼光观察现实世界,用数学的思维思考现实世界,用数学的语言表达现实世界。仔细琢磨,这三个维度恰恰展现了数学的迷人魅力。我尝试从三个角度来描绘数学的智慧面貌,那就是丰富而浪漫的想象、自由而有秩序的规则、生动而又深刻的意味。

1. 丰富而浪漫的想象

想象是抽象的前提。"想象"是人区别于其他动物的最基本、最普遍的思维形态,是最具智慧气息的一种思维品质。

作为人与动物区别的显要标志——制造工具,就需要想象。使用工具还不是显著的标志,因为很多动物都会使用工具,但制造工具就不同了,200 万年前左右的原始人,开始制造工具,这是非常了不起的事情,动物会使用工具，但是不会制造工具。制造工具——比如制造石器——是需要想象力的，需要挑选形状合适的石头，然后根据石头的形状决定正确的角度进行敲打，因此，在石器制作之前，就必须想象出成品的样式。

马克思有段精辟的论述：最蹩脚的建筑师从一开始就比最灵巧的蜜蜂高明的地方是他在用蜂蜡建筑蜂房以前，已经在自己的头脑中把它建成了。劳动过程结束时得到的结果，在这个过程开始前就已经在劳动者的表象中存在着，即已经观念地存在着。

数学诞生伊始，就充满了想象。数学的概念、符号首先是人们在生产生活的过程中想象出来的，然后基于这样的想象进行抽象、推理，建立了一整套数学的规则。我们所看到的严密的数学逻辑、结构，其基础是人们的想象。

比如，我们所熟悉的最基本的图形——点，我们眼中看到的点就是数学意义上的点吗？画到纸上，其实它就是一个很小的面了，但常识告诉我们，这是一个点。按照几何中关于点的最初定义，点是没有部分的，除了位置，应该什么都没有，没有长度、厚度、大小，按此定义，生活中是找不到点的。但数学学习中却处处都有点，从细针的一个尖端到另一尖端，测量到的距离就是这根针的长度，这里把针的一端看作一个点。测量 A 地到 B 地的距离，我们就把 A 地、B 地的两个地方作为两个点；测量地球到月球的距离，我们就把地球与月球作为两个点……因此，点难道不是一种丰富的想象吗？但在这个丰富的想象、虚构的浪漫中，我们却实实在在地进行了一种纯粹的思考。

同样，由点的平移形成线，线没有粗细，按此定义，线能画出来吗？但我们同样用笔画出不是线的线，去想象、定义、操作严格意义的线。由虚无的线的运动，形成了面，由面的运动形成了体，图形的结构大厦就在想象与推理中建立起来了。

从这个角度来说，数学所研究的数量关系、空间形式都是想象的结果,但这个想象丰富而又有秩序,一切都是井井有条、丝丝入扣的。

数学思想,也有很多是通过想象得到的。《庄子·天下篇》中说,"一尺之棰,日取其半,万世不竭",这不就是关于极限的绝妙想象吗?如此丰富、精妙的想象,让数学具有了浪漫的特质,闪烁着智慧的光芒。

2. 自由而有秩序的规则

规则是推理的基础,在推理的过程中,规则的运用是自由的。

什么是自由?我曾看到这样一个解释:自由是自然规律及缘由,自然而然的理由。正如孔子所言,"随心所欲而不逾矩",我对自由的理解是:思想无边界,行动有方向。

德国数学家格奥尔格·康托尔曾说,数学的本质就在于它的充分自由。

曾经我认为数学是固定的,严整的。关于阅读,有人说"一千个读者眼中有一千个哈姆雷特"。关于艺术欣赏,命运交响曲能唤起听众们截然不同的情感体验,那么在数学中,康托尔所说的自由表现在哪里?难道是1+1=3?难道是口袋中没有红球也能摸出红球?难道能把$\frac{1}{2}$写成别的样子?……数学的精准、确定与自由难道不是矛盾的吗?

所以,康托尔的表述曾让我迷惑。随着阅读与思考的深入,我逐渐认识到,数学的本质是自由的,其内在含义不仅仅是数学发展历史过程中所展现出的"自由创造",更为重要的是,数学在寻求其准确、逻辑的同时,表现出极大的开放性和创造性。

最简单的自然数1,从来都是人们的一种想象与创造,1本身并不存在。1作为抽象1的符号表达,其本身是神来之笔,更让人叹为观止的是,创造出的1,表示的却不仅仅是一个物体,而成为一个单位。从计数到测度,从有限到无限,其中所蕴含的巨大创造性,可以成为人类创造性作品中的典范。

关于平行的思辨历史，几何学从欧式几何概念必须建立于直观、现实而发展，到罗氏几何、黎曼几何概念建立于逻辑、公理，数学的自由表现为挣脱了现实的束缚，人类的思想可以无限制、无边界地向外拓展。现在几何学的概念、结论早已与是否符合客观实际无关，只要它符合逻辑推理。

有秩序的自由是智慧精神的集中体现。这一点在数学中表露得很彻底。

3. 生动而又深刻的意味

这里所说的意味，就是数学学科不同于其他学科的"数学味"，数学文化用于化人的角度是独特的、理性的，带着生动、深刻的数学意味。

面对测量土豆的体积这一问题，课堂上常见的方法一般是用装满水的规则器皿，如长方体、圆柱体的器皿，通过放入土豆后使水溢出，然后用等量替换的方法，将土豆体积转化为求长方体的体积、圆柱体的体积，但这是一种物理方法。物理方法简单易行，但只能求得土豆的体积数值。

数学的课堂需要有数学的意味。如果只是让孩子获得测量土豆体积的物理方法，这只是关注技巧，数学教师更应该让孩子掌握这类问题的一般性数学方法——从单位正方体出发，将土豆切成更小的正方体方块，以块数之和近似确定其体积，然后取极限获得体积。

之所以要用这样的数学方法，是为了让孩子获得一种单位意识的普适化的启示，即先1后数。从单位出发，进行量的测度，包括长度、面积、体积、角度、质量、时间等。

如何精确地求地图面积，这一问题一直困扰着许多古今中外的数学家，许多国家的边界线由于受到自然环境等方面的影响，如同蚯蚓般地曲折蜿蜒，多年来，大家一直寻找不到一个标准的计算方法，一般都是大致估算一下，粗略地取个近似值，然而，我国的农民数学家、木匠于振善却解决了这个难题。于振善所用的正是"先1后数"的数学方法：先精选一块重量、密度均匀的木板，把各种不规则的地图剪贴在木板上；然后，分别把这些图锯下来，用秤称出每块图板的重量，再称出1平方厘米的图板重量，用这样的方法，就不难求出每块图板所表示的实际面积了。也就是说，图板的总重量中含有多少个1平方厘米的重量，就表示多少平方厘米，再扩大一定的倍数（这个倍数是指比例尺中的后项），就可以算出实际面积是多大了。从"先1后数"到"先1后算"，于振善把这种方法命名为"尺算法"。

　　模型可以用于解决生活中的实际问题，在运用模型来解决实际问题的过程中，其中的数学思想是生动的、深刻的。数学处处洋溢着智慧与理性的气息，数学教师如何让儿童感受到数学的神奇与魅力，并喜欢数学呢？我认为，在课堂教学中，教师应该坚持三条教学原则，即儿童立场、数学视野、理性精神。

1. 障碍与突破：着眼于儿童学习心理

　　儿童有差异。数学教育并不是为天赋高的孩子专备的，在悟性迟缓的儿童面前，教学才更显出人文性，具体体现就是要体会儿童学数学的障碍，从而在关键之处进行恰当点拨、精要提炼。

　　翻开苏教版教科书五年级上册《小数的意义》一课，扑面而来的都是儿童生活世界的气息，其内容编排以计量单位的换算入手，设置儿童熟悉的计量情境，在情境中以长度单位、货币单位的换算引导孩子体会分数与小数的关系，让孩子感悟小数与分数之间"本质不变，形态不同"的联系；用数轴建模，建立小数与整数、分数之间的关系，让孩子经历小数意义的学习，从而建构与认识小数的意义。

　　孩子已初步认识小数，但对于计数单位还停留于整数的阶段，在孩子的旧知中，"个"是最小的计数单位。如此，课堂就从孩子对于"位值"的冲突引入，让孩子对照整数部分的计数单位表来分别写出一个整数如"二百三十六"与一个小数如"零点三"，由于教师所出示的计数单位表也只到"个"这个单位，这让学生在对照计数单位表书写小数的过程中产生困惑，有孩子迟迟不能落笔，有孩子在书写的时候把"0"与"3"都挤到了"个"这个计数单位之下，但随即又摇头，表示困惑。

困惑即认知冲突，这是有效组织教学的心理前提。教师组织孩子从右往左考察计数单位表，让他们领悟到相邻的两个计数单位之间从右往左的"满十进一"，也就是"左移乘十"，感悟人类在生产中利用"满十进一"的方法不断创造新的计数单位以满足更大的需求。在此基础上，教师继续组织学生改变考察的方向，以从左往右的顺序来再次认识计数单位顺序表。孩子根据之前从右往左"满十进一"的认识感悟，就能很自然地得出从左往右每次采用除以十的方法得到更小的计数单位，也就是"右移缩十"，并按此逻辑推理，通过演绎推理突破整数的局限，将计数单位从"个"扩展到"十分之一"，并顺次创造出"百分之一""千分之一""万分之一"等，在计数单位创造的过程中，领悟数从整数形态向小数形态的扩展，并体会到单位之间所独具的"十进"联系，从而更透彻地理解"十进制"的思想精髓。

2. 直观与抽象：顺应数学发展规律

我们很多时候是以这样两种方式来把握儿童学习的过程的：一是回忆自己童年的学习，以自己如何理解的来推测儿童的理解；二是凭借教学经验揣摩儿童理解的过程。但这么做的后果往往就是对儿童的数学学习障碍不了解，经常出现的抱怨的就是"我已经讲了三遍，你为何还不懂？"即便教师们试图去寻找原因，也是众说纷纭，莫衷一是。

虽然每个儿童都是独一无二的，都具有个体差异性，但他们的发展也是遵从普遍规律的。根据皮亚杰的认知发展阶段理论，小学阶段（7～11岁）的儿童正处于具体运算阶段，他们掌握了一定的逻辑运算能力，但只能将逻辑运算应用于具体的事物，还不能扩展到抽象的阶段。因此，他们经常需要借助于具体的实物、直观的图形图像来理解抽象的概念。

我们常说一个词——"形象直观"。我认为，从数学的角度来仔细考量，形象与直观却有着不同的意义。

形象是对定义、概念的生活原型的描述。比如，表达数字"2"，我们常用 2 个小朋友、2 头牛、2 个桃子这样的图片来表示，这是课堂中对生活原型与数量的形象表达。但严格来说，2 个小朋友、2 头牛、2 个桃子里面的 2 并不是数学符号，而是一种与数量有关的事件的记录。因为，2 个桃子和 2 头牛虽然都是数量 2 的具体例子，但是却有着天壤之别。生活常理告诉我们，不可能把 2 粒沙子等同于 2 头大象。

但如果用两个方块、两条线段、两粒珠子来记录 2 个小朋友、2 个桃子、2 头牛等这样的数量，这就相当于把形象的生活素材进行了一次抽象，这个抽象使具体的事物成为一种单位，从而形成一种简约的表达形式。我想，这种表达形式就是一种直观表达。我们可以用 2 个方片表示 2 个小朋友、2 个苹果或者 2 头牛，也可以改用 2 根小棒或者 2 粒珠子来表示。

同样，在学习分数的时候，"把一个桃子平均分成两份"，与"把许多个桃子组成一个整体，再把这个整体平均分成两份"，抽象的水平是不一样的。将一个桃子、一个苹果或其他的一个物体平均分成两份，那是数学课堂中对于生活原型事例的形象表达。如果把许多个桃子组成一个整体，成为单位 1，再平均分成 2 份；或者把许多物体组成一个整体，成为单位 1，再平均分成 2 份，得到 $\frac{1}{2}$ 所表示的意义，这个过程中的集合圈所表达的图形就是一种直观表达。

从生活的原型到数学的定义，至少经历二次抽象，即简约抽象与符号抽象，虽然直观表达没有把具象的生活与事物的原型抽象成为最后的符号系统与命题定义，比如直观的阶段，我们所看到的只是 2 个方片，或者集合圈的一半，没有生成 2 或者 $\frac{1}{2}$ 这样的符号，但这个环节却是从生活原型抽象到数学定义过程中的重要阶段，这个阶段将事物简单化、条理化，能够清晰地表达事物的本质属性。

从数学的发展历程来看，直观是从现实素材抽象至数学定义的一个重要阶段。从数学教学的机制来看，直观也是儿童学习数学、理解数学的重要而关键的环节，因为，人们逐步从现实世界中抽象出数学的过程是发现世界、认识世界的认知过程，一个人的心理发展与认知的途径必然符合族群的整体化心理认知的过程。从这个角度来说，人们对数学的抽象过程其实也就是儿童学习数学的理解过程。而直观作为抽象过程中的重要阶段也就必然成为儿童数学理解的关键环节。

但现在，我们的数学教学或许是因为追求效益，或许是提升课堂"亩产"，太过注重从生活原型的形象表达直接生成到数学定义、规则的建构，忽视了重要的直观表达的阶段，甚至有些数学课，教师直奔定义与规则，把生活原型等情境元素也都省略了，这样必然导致学生理解的困难。

数学的定义与规则构成了数学严密的逻辑体系。但逻辑体系要让学习者真正理解和接受，必须依赖学习者的直观。比如，说起圆，我们肯定会直接在脑海中显现出圆形的直观形状，而不会跳出"平面上到定点的距离等于定长的所有点组成的图形叫做圆，定点称为圆心，定长称为半径"。同样，说起三角形的高，我们一定首先想起的是那条线段，而不会是"从三角形一个顶点向它的对边作一条垂线，三角形顶点和垂足之间的线段称三角形这条边上的高"。这样的直观图形会让干巴巴的定义带着一种温情的记忆鲜明地印入学生的脑海。

数学正因为经过多次抽象形成了符号、命题、规则，再经由推理获得更多的法则、概念、体系。数学离生活、离现实越来越远，成为著名数学教育家弗赖登塔尔所说的"形式化的技巧"。而要想把形式化的技巧转化成学生能够理解并喜欢的数学课堂，能够引发他们学习和思考的兴趣、探究的愿望，我想，直观表达是重要而关键的环节。

3. 感悟与证明：着力于理性精神培养

数学结果是看出来的，不是证出来的。这是说要培养学生的数学感悟能力，这个感悟能力来自儿童的想象能力、直观能力、抽象能力。

伟大的德国数学家高斯曾说过，数学中的一些美丽定理具有这样的特性：它们极易从事实中归纳出来，但证明却隐藏得极深。

但是看出来的结果需要有证出来的过程，证明的过程体现了严谨、精确、理性的学科特质。

对于三角形的内角和是180度这个命题，我们的课堂更多的是采用量量、拼拼这样的方法，有很多老师认为这样的方法就是证明。这是证明吗？我认为这最多只能是一种感悟。再精确的测量其最后的结果也并不是物体本身的准确值，从这个意义上来说，精测其实仍是一种估测，只是借助于工具把误差控制到最小的一种估测。测量所需的精度和解决问题时的要求有关。

准确值是相对的，误差是绝对的。人们为了追求越来越接近准确的精确值，经历了度量工具不断创新完善的过程，呈现出人类高度的智慧，从布指布手到遥感测绘，从骨尺圭表到卡尺量规，度量工具的不断创新让人类的长度空间不断向更广远与更精微处拓展。但工具再先进，只是把测量的误差控制在更小的范围而已。因此，通过测量获得三角形的内角和是180度，这个命题本身是不成立的。在教学过程中甚至会出现这样的情况：当学生测得实际数据有偏差、误差的时候，通过修改记录单中的数据，来获得180度这个准确值。

姜伯驹院士指出：不鼓励学生问为什么、不讲证明，那么数学课就失去了灵魂。在误差实际出现的时候，采用严谨的证明来论断，是对学生理性精神的良好熏陶。

法国数学家帕斯卡在12岁时就对三角形的证明提供了思路：任意一个直角三角形都可以看作是由长方形剪开的，所以任意直角三角形的内角和一定是180度。任意一个锐角三角形都可以沿着高分成两个直角三角形，两个直角三角形的内角和是 360 度，去掉两个直角的和 180 度，所以三角形的内角和是 180 度，同理，钝角三角形也是这样的。

对于和的奇偶性，许多数学课就是举出不同的几个例子，得出和的奇偶性结论，这违背了数学严格证明的理性精神，会不会有孩子质疑：有没有一条大一些的算式违背了奇偶性结论？我们能不能找到这个例子？教师要在不完全归纳的基础上，重点突出证明的过程。当研究遇到加法算式无限多个的情况，首先要具有感悟力，能感悟研究的方向，即从无限多个加数的问题，集中到对今天研究有价值的加数个位上来，通过分类来化繁为简。这就是数学研究的感悟力。其次，找到了研究方向后，必须有严格的证明，只有通过证明才能确认结论，不然这个结论只能是猜想。

有的老师说，现在小学里用得多的是不完全归纳法，对一个猜想，如果举不出反例，那么就可以成为结论。那么，对哥德巴赫猜想能不能举出反例？科学领域，来不得"差不多"，也容不下"大概"，这和生活领域中的估计、估算完全不同。这种坚持真理、实事求是的理性精神，应该是数学教育所追求的。

在我的数学课堂中，我努力践行儿童立场、数学视野、理性精神这三个原则，时刻提醒自己首先要"理解"，即以儿童为中心，尊重儿童，理解儿童，从数学学科本质问题与儿童学习心理的角度来建构课堂；其次是"引领"，要提供良好的学习情境和材料，引领儿童主动学习、积极思考，自由地在数学世界里探索；最后是"培养"，在数学教学过程中始终不忘育人这一终极目标，除了培养儿童用数学眼光观察世界、用数学的思维思考世界、用数学的语言表达世界，还要在教学中渗透追求真理、崇尚科学的理性精神。

1. 深入挖掘：简单的知识承载丰富的数学意蕴

教学实施

"要用一样长的小棒去量"

教学内容： 苏教版二年级上册第61—63页。

教学目标：

（1）通过看、比、量等实践活动认识长度单位厘米，初步建立1厘米的表象，能用包括尺子在内的工具测量物体的长度（限整厘米）。

（2）在观察、探究等学习活动中，初步建立单位意识，理解长度单位的内在意义。

（3）体会数学与生活的联系，培养创新意识。

教学重点： 建立1厘米的长度概念。

教学难点： 用学生尺量物体的长度（限整厘米）。

教学过程：

一、实践操作，用多种方法测量物体的长度

师：（出示长短不一的两条线段）孩子们来看，这两条线段哪条长？

生：下面的那条线段长。

师：嗯，这两条线段，咱们一眼就看出来了。

师:（出示一横一竖两条线段）再看看这两条线段哪条长?

生:我觉得是横着的线段长。

生:我看是竖着的线段长。

师:瞧瞧,这会儿用眼睛不能确定了吧? 那该怎么办呢?

生:把这两条线段比一比。

师:大家想办法去比一比,看看谁的方法最多! 想到办法了,可以在小组里说一说。

（学生小组讨论）

师:大家讨论得可热烈了,谁来说说用的是什么好办法?

生:（上台）我是用橡皮来量的,横着的这条线段量到 4 次多一点,竖着的线段量到 5 次多一点,所以是竖着的线段长。

生:（上台）我把铅笔横过来量,横着的线段到铅笔的这个位置（用大拇指标记）,竖着的线段到铅笔的这个位置（用大拇指第二次标记）,竖着的线段更长。

生:（上台）我是用手指甲来量的,横的线段一次、两次、三次、四次、五次、六次、七次多一点点,竖的线段一次、两次、三次、四次、五次、六次、七次、八次多一点点,所以竖的线段长。

【设计意图】目测步量是在缺乏工具时,测量物体长度的最原始、最基本的方法。人类最初用眼睛论件估堆,目测长短、多少、大小、远近,只不过在观察得不到正确结果时,才被迫创造出新的办法。因而,教学从观察开始,正是这一历史发展过程的反映。

二、操作感悟,体会标准统一的必要性

师:小朋友们真聪明,想到了这么多好办法,其实,大家想的方法很久以前古人也用过,看看他们想了哪些办法来测量长度。（视频播放:古人用一拃、一庹、一步、一脚来量长度）

可是办法一多,容易发生争吵。一次,一胖一瘦两位古人得到了两根兽骨，他们用树枝做成小棒量兽骨的长度。胖子说：我的兽骨有 5 根小棒长，瘦子说我的兽骨有 3 根小棒长，小朋友们，你们知道谁的兽骨长吗？

生：我看是胖子的兽骨长。

生：胖子的兽骨有 5 根小棒长，一定是胖子的长。

师：孩子们，单单比较数的大小，太简单了，5 比 3 大，5 根小棒的当然长一些啰！真的是这样吗？请看——（课件出示）有什么想法？

生：量的小棒不一样长，所以胖子量的兽骨比瘦子的短。

生：老师，我们上当了，量的小棒不一样长，我们要用一样长的小棒去量。

师：要比较两个物体的长短，并且仍然用小棒来量，所用的小棒长度要怎么样？

生：一样长。

师：就是呀，小棒一样长很重要，也就是标准统一很重要！（板书：统一标准）人们规定了常用的三种测量长度的小棒：（出示 1 米长的小棒）这种小棒用来测量比较长的物体的长度；（出示 1 分米长的小棒）这种小棒可以测量不是很长的物体的长度；要是量很短的物体的长度，就用这种小棒来量（出示 1 厘米长的小棒）。感觉怎么样？

生：太短了，就一点点。

师：是呀，放在投影上看一看，现在看清楚了吧。

师：今天这节课，我们就一起来研究以这种小棒的长度为测量标准的知识。知道这根小棒的长度吗？

生：1 厘米。

师：没错，这根小棒就是 1 厘米长。孩子们，厘米是一个长度单位，我们要好好来认识它。

【设计意图】培养单位意识是提升孩子数学素养的重要内容，也是从纷繁的生活世界中抽象出长度单位的重要环节，认识长度单位需着眼于单位意识的培养，而不仅仅就是教给孩子关于长度单位的知识。

三、多样体验，建构 1 厘米的长度观念

师：孩子们，1 厘米长的小棒，大家都觉得太短了，这么远看肯定不过瘾，请大家自己从信封里拿一根出来仔细瞧瞧。

（学生动手从信封中各自拿出一根 1 厘米的小棒）

师：1 厘米好短啊，有什么好办法能记住 1 厘米的长度呢？大家讨论讨论，想个好办法吧。

（学生互相讨论，有的拿手指比划，有的拿铅笔等工具比划。）

师：大家都用各自的办法来比划 1 厘米的长度。老师也有个办法，咱们边游戏边记住 1 厘米。跟老师一起来比划，鸟儿来了，张开小嘴——1 厘米。再把刚才的小棒轻轻地塞到两指之间，如果正好，就说明你比划得很准，要是差了一点点也没关系，赶快调整。再把小棒拿出来，看，大拇指和食指之间的长度就是 1 厘米，记住了吗？

师：好玩吧，再来一次，鸟儿来了，张开小嘴——1 厘米，给同桌看看是不是 1 厘米。多看一会儿，记住 1 厘米的长度。

（师生一起玩记 1 厘米的游戏）

师：好了，现在闭上眼睛想一想，1 厘米到底有多长？

（生闭眼思考）

师：大家睁开眼睛，看看想的 1 厘米和实际的 1 厘米有没有长短上的不同。

师：大家记住了 1 厘米的长度，生活中哪些物体的长度大约是 1 厘米呢？大家可以找找，再用手中的小棒比一比。

生：墙上开关的按钮宽度大约是 1 厘米。

生：我衣服上纽扣的宽度大约是 1 厘米。

生：这块橡皮的厚度大约是 1 厘米。

生：手指甲的宽度大约是 1 厘米。

师：孩子们真有眼光，原来我们身上也有 1 厘米。这个发现可重要了，当我们忘记 1 厘米有多长的时候，就可以看看身体上的这把小尺子。

【设计意图】长度表象是孩子空间能力的一种体现，是形成清晰长度单位的重要环节，通过观察、比划、游戏、留印象、找参照物等实践活动，不断加深对于 1 厘米长度的感知，为形成确切而清晰的长度单位奠定基础。

四、结合活动，生成测量工具

师：我们知道了 1 厘米有多长，那就用 1 厘米的小棒来帮两位古人量一下他们的兽骨到底有多长。

师：请电脑来帮忙吧，孩子们一起大声数，1 个 1 厘米，2 个 1 厘米，3 个 1 厘米，想一想，3 个 1 厘米是几厘米？

生：3 厘米。

师：胖子量的兽骨是 3 厘米长，再看看瘦子量的兽骨，1、2、3、4，4 个 1 厘米是几厘米？

生：4 厘米。

师：现在能肯定哪根兽骨长了吗？会不会错了？为什么？

生：瘦子量的兽骨长。

生：肯定不会错了，因为都用了同样长的小棒去量。

生：都用 1 厘米的小棒去量的。

师：对呀，都是用 1 厘米长的小棒去量的，（指板书）标准统一了。孩子们，手有些痒痒了吧，肯定想亲自动手用 1 厘米长的小棒来量长度了吧？好，接下来我们要量的是练习纸上的第一条线段。比一比，看哪组量得又对又快。

师：哪个小组来汇报？（小组在展示平台上演示合作量线段，长 5 厘米。）

师：（电脑演示）5 厘米长的线段用小棒量，一根一根地搭，我们搭了几根？量 10 厘米长的线段呢？ 100 厘米呢？你愿意一根一根地搭吗？

生：不愿意，太麻烦了。

师：是呀，真够麻烦的。你能不能想出一个好办法，让这些小棒用起来更方便些？

生：把我们手里的小棒一根一根连起来再量。

师：好主意，掌声响起来！就听你的，把 1 厘米长的小棒一根一根地连起来，画下来，标上一些数字，有点像什么了？再画上一些长短的线（电脑演示）。

生：哇，这不就是直尺嘛?！

【设计意图】测量，其本质是一种比较，是我们正在测量的物体和用来测量的物体之间的比较，长度单位与测量工具的产生都是源于实际生活中两点间度量距离的需求，测量重要的是建构合适的长度单位，以及把这些统一后的单位进行聚集得到合适的工具，而最终的测量只是在活动中计数而已。

师：仔细观察直尺，大家都发现了什么？

生：我看到长长短短的小竖线，还有 0、1、2、3 等数字。

生：我看到了 cm 的字母。

师：这些长短不一的小竖线都叫刻度线（板书：刻度线）。看这些长刻度线，每相邻两条长刻度线间是 1 大格。指指你直尺上的 1 大格，1 大格就是 1 厘米。

师：直尺上的字母 cm，表示的是厘米（板书：厘米，cm）。刻度 0 到刻度 1 之间的长度就是 1 厘米，大家还能在尺上找到 1 厘米吗？

生：1 和 2 之间是 1 厘米。

生：2 和 3 之间是 1 厘米，3 和 4 之间是 1 厘米。

师：直尺上，紧挨着的两个数字之间的长度都是 1 厘米。

五、自主活动，用尺测量线段长度，画线段

师：有了直尺，我们就可以来测量物体的长度。拿出练习纸我们一起来量一量第一条线段到底有多长。

生：我量了是5厘米。

生：我量了，不到5厘米，4厘米多。

师：同样的一条线段，怎么测量的结果不一样？

师：你先来量给大家看看。

（生上台，通过实物投影展示。）

师：你怎么看出这条线段长5厘米？

生：从刻度0到刻度5，一共有5大格，所以是5厘米。

师：刚刚还有一位同学量的不是5厘米，也上台来汇报。

生：（上台）我是这么量的（从直尺端开始的）。

师：现在有两种方法，大家来说说看。

生：我同意从0开始的，因为1大格是1厘米。

生：我也同意从0开始量，0前面的直尺我们不知道有多长。

师：大家都同意这种量法吧。非常好。这么一说，用直尺测量长度，就得从0开始。那从刻度0到刻度6是几厘米呢？

生：（齐）6厘米。

师：从刻度0到刻度9呢？

生：（齐）9厘米。

师：看来，从刻度0到刻度几就是几厘米。正应了一句俗话，一切从0开始。

师：（出示坏尺）不过，这会儿老师手里的尺子出了问题，断了一截，找不到0刻度了，那这把尺子还能测量吗？谁来帮忙？

生：可以，我上台来测量，（展示用坏尺测量线段）我从2厘米开始，线段到7厘米，中间有5格，所以线段长是5厘米。

师：哇，真厉害。那如果我从 3 厘米开始量，量到 9 厘米，线段长几厘米？

生：6 厘米，我用 9-3=6 厘米。

师：真好，通过计算就知道了。

师：会量还得会画，咱们一起来画一条 3 厘米长的线段。

（学生展台演示，交流画法。）

师：评价一下这幅作品。

生：画的线段没有端点。

生：我觉得要标一下 3 厘米，不然别人不知道你画的线段就是 3 厘米。

师：真好，画线段标长度。

师：看看这位同学画得对吗？（视频播放学生画线段）

生：不对，没有从 0 刻度画起，而是从尺子的最左侧没有刻度的地方画起了。

师：真是火眼金睛啊，那就跟小伙伴说说画线段时要注意什么吧。

生：和量长度一样，我们画线段也要从 0 开始。

师：真棒，现在请大家独立完成书本上 62 页第 3 题。

生：（展示交流）红色线段比 6 厘米长一些，蓝色线段比 6 厘米短一些。这两条线段的长大约都是 6 厘米。

师：对，不管是差一点，不到 6 厘米，还是超过 6 厘米一点，都可以说大约长 6 厘米。

师：刚才我们都是用尺子量出线段长度的，你们有本事不用尺子，单凭眼力估计长度吗？估一估老师的一拃长。

师：谁来测量我的一拃长？

（学生量出来是 15 厘米）

师：刚才谁的眼力最好，估测结果最接近？

师：现在估一估自己的一拃长，并测量验证。

师：现在好了，以后在没有尺子的情况下，我们可以用身体尺估测物体的长度。比如手指宽——1厘米、一拃长——十几厘米。看来在不需要精确的情况下，我们祖先发明的那些测量方法，还是挺管用的。

师：学到这会儿，大家都认识了厘米与直尺了。那如果老师让大家用手中的直尺测量教室的长，你认为合适吗？我们需要怎样的单位与尺呢？让我们带着这个问题下课后去生活中寻找。

【设计意图】关于长度单位的制定与统一，历史上曾经有过混乱的一段时期，先以帝王身体的某部位作标准随意测量，然后才是随意单位的标准统一。而利用身体部位长度作为单位的测量，在生活中也随处可见，并非随着单位的统一而消失。通过1厘米和手掌宽、一拃长的比对，去除了手掌宽、一拃长等身体尺的随意性，赋予了一定的科学性，随性的估测也就变成了科学的估测。

教学反思

测量不是最终目的

"厘米和米"单元的教学任务主要是认识厘米、米这两个统一的单位，从知识技能的角度看，这个任务比较简单，但简单的知识背后同样蕴藏着丰富的数学哲理。

测量，是用一个数值刻画物体在大小、轻重、多少等量方面的属性，建立抽象的数和物体具体属性间的联系，实现了对客观世界物体属性的量化，这个过程和结果体现的是人类如何更为精确地观察与感知世界的一种方式。学习测量就是在学习如何量化世界。

为了量化世界，数学给出的方式首先是明确量化什么，从现实世界里去情境化形成一个个明确的测量对象，所以几何范畴里首先要认识线段、角、面积、体积。其次要约定用什么去量化世界，也就是约定什么是 "1"（即各个测量的单位）。这里的 "1" 与要量化的对象间必定是同质的。要量化一个角，那么 "1" 必定是一个小小角；要量化一条线段，那么 "1" 必定是一条小线段，以此类推。最后，用约定的 "1" 和要量化的对象进行比较，看其包含有多少 "1"，这个结果就是量化的结果，在几何里分别叫做角度、长度、面积和体积。从更一般的意义上看，数学地研究问题，和上述如何量化世界是相同的，必然先约定一个定义、一个规则，然后以此为基础去构建整个体系。

所以，数学学习最根本的是最初的那个定义、那个规则，那是理解整个体系意义的钥匙。放到更大范围里看，测量不是最终的目的，正因为通过测量把握了物体在量方面的属性，所以才有了更多的发现和认识。

我们不能因为测量标准现在的统一性而忽视测量标准原本的自由性。回顾数学的发展历史，单位的统一并不是测量活动本身的需要，而是为了使测量结果便于比较和交流。对于测量活动来说，需要有个 "1"，即使这个 "1" 的确定极其原始和随性，但都不会影响到每次测量活动取得一个确切的数值，因此便于交流不是测量活动最优先考虑的事情，如何根据所测对象的不同、根据解决问题的不同需要，灵活而又方便地进行测量才是更为重要的事情！

理解了这一点，也就能理解为什么对角的测量，不仅有统一单位 "度"，还有统一单位 "弧度" "密位" 等；而对一条线段进行测量，为什么统一的单位不止一个，而是一个体系。这不过是由测量单位的绝对自由转变为相对自由罢了，单位的自由性比统一性更有意义，它体现了对人在具体情境中解决问题的灵活性、创造性的尊重和敬畏。

这启示我们，教学伊始独立地要求学生测量时，不要因为学生提出 "可以用尺"，就忙不迭地引出 "厘米"，让学生受制于人类现有的统一规则。认真观察会发现多数学生第一次用学生尺，如同用数学书、铅笔盒、一根小棒一样，根本不去关注起点、刻度等尺的要素。因此在教学中我特意设计了一个环节，让学生用一把坏尺来测量，引导他们关注起点，学会测量。

同时还启示我们，教学中要重视引导学生形成 1 厘米、1 米的长度观念，这是测量结果便于交流比较进而进一步思考分析的需要；也要重视引导学生形成 5 厘米、10 厘米、1 米、半米、1 拃、1 庹、1 步等的长度观念，这种单位统一基础上多样的、个性化的长度观念的形成，是在不同测量情境中灵活地、合理地解决测量问题的需要。不要因为单位的统一、工具的一致，而遏制了测量实践的自由性！

长度及其测量的教学内容虽然简单，但体现了数学的特性——一方面，数学是认识、感知世界的一个视野；另一方面，数学也是分析认识世界的一种方式。把握数学的这些价值，当学生经历了足够的测量活动过程后，就可以把多个属性的测量活动放在一起进行比较，在方法论的层面上领悟数学是如何量化世界的，这是数学独一无二不可替代的学科精华。

2. 着眼本质：角的认识需要剥离生活干扰

教学实施

"把两条边张开大一点，角就变大了"

教学内容：苏教版二年级下册第 84—85 页。

教学目标：

（1）联系生活中一些常见的角，初步认识角，知道角的各部分名称。

（2）建立角的清晰表象，能正确识别角，知道角有大小，能直观区分角的大小，建立角和平面图形之间的联系。

（3）认识角的学习过程中，增强动手操作能力，培养观察、比较的能力和形象思维能力，发展空间观念。

教学重点：识别角。

教学难点：辨析角的大小。

教学过程：

一、联系生活，通过游戏来感悟

师：（出示图 2-1）孩子们，看到这幅图，你们能联想到什么呀？

图 2-1

生：一双筷子。

生：两支铅笔。

生：夹子。

师：孩子们都特别会想象，老师把这个图形再变一下。（出示图 2-2）这会儿是——？

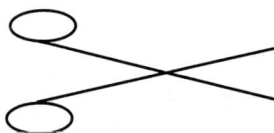

图 2-2

众生：（踊跃）剪刀，剪子。

生：我奶奶家用那个夹柴禾。

师：嗯，那叫钳子。大家都看到过这个工具，现在老师用它来夹球，注意看，如果夹这个球（出示图 2-3），钳子会怎样变化？

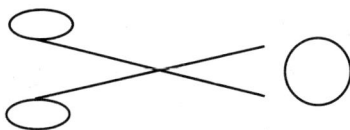

图 2-3

生：（边小手比划边说）把钳子的嘴巴张大一些就能夹住了。

师：你能上台来指着图说吗？

生：（上台指向钳子嘴）就是把嘴巴这个地方张大。

师：那我们怎么样才能把钳子的嘴张大呢？

生：（指着钳子的把手部）用小手抓住这里，张大，钳子的嘴巴就张大了。

师：嗯，看来你平日里用过这样的钳子，谢谢，请回座位。

请同学们再看，如果用这把钳子夹这个球（出示图2-4），那该怎么办？

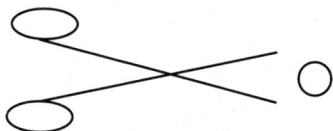

图 2-4

生：我们抓住钳子的把手，夹小，钳子的嘴巴就变小了，就能夹住球了。

师：孩子们，生活中用钳子夹球的游戏里还藏着数学学问，咱们今天就来研究研究。

【设计意图】数学概念来源于生活，但却是生活原型的抽象。因为经历了抽象，概念变成了一种形式化的"冷冰冰的"美丽，孩子们往往很难理解。让孩子真正理解数学概念的内涵，必须把数学概念还原到生活中、情境中去，但是这样的还原应该是典型的，具有数学意味的，而不是简单地套用概念所属的词语，比如，数学概念的"角"，它一定不是生活中所说的嘴角、眼角或者墙角。

二、辨图猜图，初识角

师：同学们，看屏幕（出示图2-5），这些图形认识吗？

图 2-5

生：（齐）认识。

师：谁愿意说说，都叫什么名字？

生：（上台边指边说）正方形、圆形、三角形、长方形、长方形。

生：第四个应该是长方体。

师：嗯，刚才的孩子有个口误。看来认图形可没什么难度，老师的问题可不仅仅是认图形，如果我让大家找出一个你认为最特别的图形，你觉得是哪个？

生：我觉得第四个长方体是最特别的图形，因为其他图形都是形状，就这一个是立体。

师：什么叫其他图形都是形状啊？其他图形都是——？

生：都是平面的。

师：这个词挺好，是平面图形。还有没有其他意见？

生：我觉得是圆形最特别。

师：理由呢？

生：因为它没有一条边，其他的都有边。

师：什么叫圆没有一条边？它也有边啊，对不对？到底特别在哪？

生：我来补充，因为其他图形的边都是直的，只有它的边不是直的。

生：我也有补充，其他的图形都是有角的，而它是没有角的。

师：所以圆就特别了，对不？这会儿张老师提高点难度，这几个图（出示图 2-6），都调皮地躲在云朵后面，猜猜都是什么图形。

图 2-6

（学生非常踊跃）

生：第一个是三角形，第二个是圆形，第三个是长方形，第四个是五角形。

师: 大家同意吗?

生: (齐) 同意。

师: 大家都异口同声地说同意, 我就有疑问了, 图形宝宝都那么调皮, 躲在云朵后面了, 你凭什么知道这个是三角形, 这个是五角形?

生: 有三个角就是三角形, 有四个角的就是长方形, 有五个角就是五角形。

师: (指着第二个图) 那这个呢? 它是——

生: 圆。

师: 这是为什么呢?

生: 因为它没有角。

师: 噢, 这么一说, 老师有些懂了, 大家在猜图形时都运用了图形中的一个重要部分——

生: (齐) 角。

【设计意图】 空间形式是数学研究的重要范畴。图形间的关系是空间形式的主要内容, 其研究的对象就是图形。角作为平面上的一种图形, 同时又是一种基础图形, 必定与其他图形有着密切的联系。建立角与其他图形间的联系, 而不是就角论角, 这是教师应关注与思考的。

师: 孩子们看, 角是图形中的重要部分。为了更突出这个重要的部分, 张老师把角从图形上剪下来, 你看, 为了让大家看清楚, 我们把它移动一下, 分开了, 瞧一瞧, 现在屏幕上的图形都叫什么?

生: (齐) 角。

师: (疑惑) 这么多个图形, 怎么名称都相同? 都是角? 有没有疑问? 大家都没有疑问? 确定? 你有疑问, 你说。

生: 我觉得它们都叫角, 但为什么都叫角呢? 它们的形状都不一样。

师: 漂亮! 这就是质疑。张老师也有这个疑问, 它们各式各样的, 怎么都叫角, 这就说明了这些图形中肯定都有着共同点, 对不对?

(生都点头, 有所悟。)

师：课前，张老师给大家准备了一些角，请大家把桌上信封里的角倒出来。四人小组一起，研究讨论一下，它们都有什么共同点。

（生讨论，师巡视。）

师：从大家的坐姿中，老师知道已经有结果了，谁来代表小组汇报一下？

生：我们发现，角都有两条直直的边。

师：好，把你手上的角举起来，跟同学们说说哪个地方是直直的边。

（生展示）

师：其他同学也拿着手中的角，一起摸一摸。

生：我们组发现，每个角都是一个点向外岔开两条边，无论岔开的大与小，它都是一个角。

师：说得多好啊，请大家把掌声送给这个小组。

师：大家是不是都有这感受？同学们看，角上都有一个点，有谁知道这个点叫什么？

生：这个点叫角。

师：这个点就叫角吗？

生：这个点叫角的点。

生：这个点叫顶点。

师：那为什么这个点不叫角呢？

生：这个点必须加上两条线才叫角，不然的话就是一个点。

师：多棒啊，这个点叫角的顶点（板书）。那这两条线呢，又叫角的什么？大家可以猜猜看。

生：应该叫角的边。

（师板书"角的边"）

师：现在，我们明白了一个角有几个顶点，几条边？

生：这个角有一个顶点，两条边。

师：再换一个角，看看，有几个顶点，几条边？

生：（齐）一个顶点，两条边。

师：孩子们，经过大家的研究观察，我们在这些各式各样的图形中，找到了共同点，所以这些图形有着一个共同的名字——

生：（齐）角。

【设计意图】在纷繁的事物中找寻共同特征与提炼共同属性是一种归纳思想。史宁中教授认为，归纳思想是一种创新性思想，需要在数学教学中大力倡导。提供多样的角，辨认、分析与提炼角的共同特征，培养学生的归纳思维能力。

三、指角认角，再识角

师：（举起三角尺）张老师手中有一个三角板，谁愿意上来指出一个角。

生：（上台用手指着一个顶点）这是一个角。

师：他是这样指的，有谁跟他的指法不一样？

生：（上台用手指从三角板边的远端滑动指向顶点）这是一个角。

师：孩子们看，指角各有各的指法了，但是指出一个角是有规范的，请大家拿出三角板，跟张老师一起来指。

师：（师示范，生模仿）从顶点出发，一条边，回到顶点，再次出发，第二条边。

生：（齐，边指边说）从角的顶点出发，一条边，回到顶点再次出发，第二条边。

四、判断角，完善角的特征

师：我们认识了角，现在我得考察下，同学们对角这个新朋友认识得怎么样？（出示图2-7）

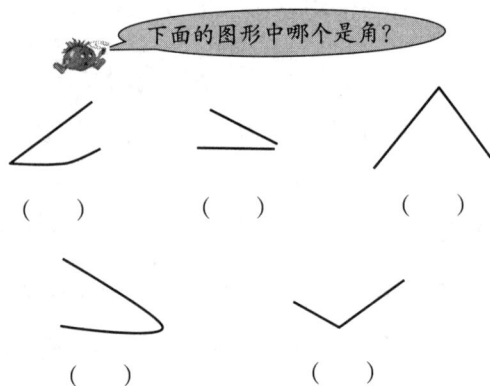

图 2-7

生:（上台指着图形）第 3 个和第 5 个是角，其他的都不是角。

师:其他的为什么不是角呢?

生:（边指边说）第一个图形，因为它下面一条边是歪的，所以不是角。

师:噢，角的边必须是直的，所以第一个不是角。那看第二个，多直啊，它也不是角?

生:因为它中间没有连好。

生:我补充，第二个图形找不到顶点，所以不是角。

生:如果这两条边合上去，有了顶点就成了角了。

师:嗯，角必须有顶点。现在把机会让给其他同学回答。谁愿意接着说?

生:第四个图形不是角，因为顶点是歪的。

师:（笑）顶点是歪的? 这话让老师有些糊涂，你的意思是要有明确的顶点，对不对? 谁还有补充?

生:这个图形不是角，因为线是弯的。

师:这么说更明确了，那第三个、第五个是角，谁愿意上台来指出顶点和边?

（生上台，边指边说。）

师：孩子们认得可真不错，看来我得提高点难度，（出示图 2-8）这个图形有几个角？

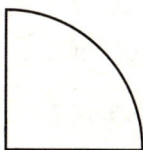

下面的图形有几个角？

（ ）

图 2-8

生：这个图形只有一个角。

师：有没有别的观点？

生：我也认为是一个角。

师：你上来指指，你认为的角在哪？

（生上台边指边说）

师：大家都同意吗？除了大家说的角以外，这里（手指另一个点）还可以从这个顶点出发，一条边，两条边，也是角啊。

生：（上台指）老师，因为这条边是弯的，所以这个不是角。

师：那下方的那个呢？

生：一样不是角，因为这条边是弯的。

五、画角玩角，深化认识

师：同学们，刚才我们认识了角，找了三角板中的角，还指出了图形中的角，那大家会不会画角呢？可以自己在练习本上画画。

（师巡视，并随机收了几份作业在展台展示。）

师：看，这是几位同学的作业，画得都很好。但老师刚刚发现，有的同学画的过程比较马虎，画角也是有规矩的。请大家跟着老师再画一个。

师：先画一个顶点，从顶点出发，一条边，回到顶点再次出发，第二条边。

（师示范，生模仿，师板书画出角，生一起边画边说。）

师：现在老师提高难度，请同学们画一个开口向上的角。

（师巡视，并展示学生作业。）

师：再画一个比刚刚开口小的角。

（师巡视，并展示学生作业。）

师：再画一个开口向左的角。

（师巡视，并展示学生作业。）

师：孩子们，好玩吗？现在把练习本合上。我们认识了角，找了角，指了角，画了角，看来角还挺好玩，接下来我们玩玩这个角。大家看屏幕（出示图 2-9），张老师这儿有个方框，我给大家两个角，其中一个角是从这个方框上剪下来的，你们猜是哪个角？把它指出来。

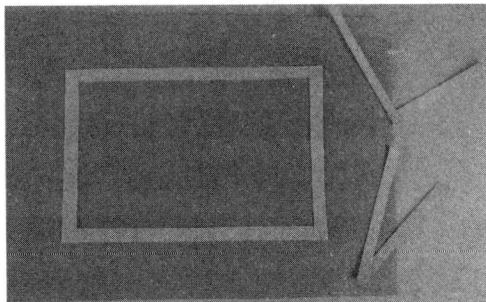

图 2-9

生：（上台比划）我认为是从那个地方剪下来的。

师：嗯，除了这个地方，还可以从别的地方剪吗？

生：（转动手中的角，套中方框另外的直角）还可以在这里、这里、这里。

师：嗯，非常好，换个图形，（图 2-10）两个角是从这个图形上剪下来的，大家认为是哪个角？

图 2-10

生：（上台比划）我认为是从那个地方剪下来的。

师：（转动角到图形的另一个角上）这个角会不会是从这个地方剪下来的？

生：不行，那个口太小了。

师：哪个口太小了？

（生指出三角形框，角太小的地方。）

师：噢，看来角是有大小之分的。如果我们拿角这样一个个找从哪里剪的，挺麻烦的，老师这里有个可以动的角，我想表示角从这个地方剪下来，怎么开！

（生上台演示，拿着活动角比划。）

师：你想把活动角怎么变化？

生：我想把这个角的两条边打开一点，就会变大一点，然后可以套中了。

师：好，请再转一个角度，如果从另外一个角上剪下来，告诉我该怎么变化？

生：我把两条边合拢点，这个角就变小一点了。

师：好，再转过一个角度，从这个地方剪，该怎么变化？

生：把角的两条边张开大一点，就变大了。

师：孩子们，从这个游戏中，我们知道了，如果把角变大，该怎么办?

生：把两条边张开大一点，角就变大了。

师：那怎么把角变得小呢?

生：如果把两条边张开得小一点，角就变小了。

【设计意图】角的大小与角两边张开的大小有关，与边的长短无关。这个道理对于教者而言很浅显，但对于刚接触角的二年级儿童来说，却是一个难点，因为，在低年级儿童眼里，所谓的大，可能就是看到画在纸上的角，边线长的就显得更大，至于角张开的大小并不一定能关注到。因此，判断角的大小，不能只是通过观察，而必须通过学生的摆、折、拼等活动，通过操作来探索和感悟角的大小。

师：真棒，还记得上课一开始老师给大家玩钳子夹球的游戏吗?（出示图 2-11）能在这个图上找到角吗，能找到几个角?

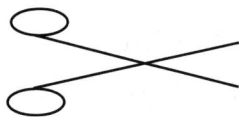

图 2-11

生：我能找到两个。（上台演示标出左右两个角）

师：嗯，不错，一下子找到两个，为了看清楚，我们可以把这两个角标成角1、角2。这位小伙子手举得真高，你来继续。

生：我还能找到两个（上台演示标出上下两个角），这可以是角3、角4。（如图 2-12）

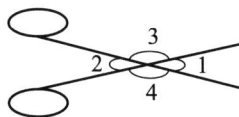

图 2-12

师：真棒，把掌声送给他。但是老师的问题可不只是这么简单，夹大球的时候,这四个角怎么变化?

生:我觉得 1 号角在变大。

生:我觉得 1 号和 3 号在变大。

师:大家别吵,老师带来了一把小钳子(出示钳子实物),大家仔细观察。

(师演示钳子张开夹大球)

生:(齐)是 1 号和 2 号在变大。

生:1 号变大,2 号也变大,3 号变小,4 号也变小。

师:真好,(继续演示钳子合拢的过程)那这会儿呢?

生:1 号变小,2 号也变小,3 号变大,4 号也变大。

师:同学们,看来生活中还真藏着许多数学知识,希望大家平日里多观察、多思考。

【设计意图】观察生活中常见的钳子开合过程,让学生感悟角的大小变化,以及对应角的变化过程,在辨别、比较、领悟中提高运用角概念的能力,发展数学思维能力。

教学反思

教师的价值体现在哪里?

儿童的数学学习总是带着个人的原有经验,这些经验有的来自旧知的学习与掌握,有的来自生活中的观察与感悟,这些认识与经验既是儿童学习的产物,也是儿童新认识、新实践的基础,成为儿童解释世界的自洽经验。但生活中的一些经验却并非数学中的概念,比如,"稳定"在生活中是稳固、不易变形的意思,但在数学中,三角形的稳定性并非如生活中所说的稳固、不易变形的意思,而是三角形的三边长度确定,即三角形的形状与大小随之确定。因此，生活中的一些经验可能会给数学教学带来干扰，关于角的学习亦如此。

我们在生活中常常能听到关于角的词语，嘴角挂笑、眼角弯弯、墙角上挂着蜘蛛网、口袋中有五角钱等。也时常会听到年轻教师在执教"角的认识"的时候，会用牛角、菱角，或者用观察老师脸上有没有角等引出课题，在经历了认识角的特征、识别角的名称、画角等环节后，下课前再来回顾上课伊始的话题：老师脸上有没有角？学生一脸茫然的时候，教师提示：看看老师的眼角、嘴角，有没有发现角？这会儿，孩子们会不约而同地喊"有角！"但是，稍有数学常识的人都知道，眼角、嘴角与数学中"从一点引出两条射线所组成的夹角"根本不是一回事，其他如牛角、菱角、墙角等，生活中带有"角"的这些称谓根本不是几何学范畴的角。

那么，为何总有数学老师热衷于作这样的处理？我想可能是为了渲染课堂气氛，引发学生的兴趣，努力想通过这样的游戏让孩子感受数学好玩。但我认为这么做有害无利，混淆了儿童关于数学概念"角"的建构，如果和学生说起几何学概念的"角"，学生的第一反应是牛角，或者是五角钱，这岂不是要贻笑大方，让数学老师情何以堪？

教师的价值体现在哪里？这个问题的答案肯定是丰富多彩的，以"角的认识"一课为例，从知识的角度看，如此的简单浅显，但深究起来，却发现大有内涵，教师的价值恰恰体现在对精彩内涵的挖掘。

因此，我认为一名优秀的小学数学教师应该是一位善于"转化"的能手，善于把冰冷的书本知识转化成鲜活的、生活中的知识，把静态的概念转化为动态的探究，把抽象的定义转化成生动的过程，把简单的知识转化成深刻的思考。

在教学实践中，我尝试着这样做：

一、从数学处着眼

数学来源于生活，因此许多数学教师在执教的时候，都会自然而然地把数学概念与生活素材相联系，我也不例外。初备本节课时，我也想从联系生活开始，如拿着三角板、剪刀等生活中的实物，引出角的图形，但是，事实上角作为一个抽象的图形，与生活中的物体，与学生头脑中的墙角、桌角、衣角等不尽相同，从生活情境中的角引入课堂并开展教学，可以渗透数学来源于生活的思想，但教师也就很难把握好数学与生活的距离，将数学本质与生活实际相混淆了。所以，我从数学图形中引出角，通过感受平面图形与立体图形的差别，到根据角的多少来辨别图形，把角这个数学概念放到数学的背景中考察，这样虽然少了生活气息，但呈现出角作为数学概念的数学味道。我认为教师的价值应该体现在对知识、概念的数学解读，对教学素材的遴选运用。

二、于本真处提炼

因为"角"在生活中非常常见，是与生活密切联系的，有很多字词也与"角"相联系，比如角落、角色、羊角、牛角、一角钱等等。但这样热热闹闹的组词释义，作为课堂引入，是不是指向数学的本质内核？其实，此角非彼角的热闹不但浪费了宝贵的课堂时间，也让学生对角的认识出现了偏差。数学教学不能脱离数学内涵与数学思维。如果课堂上的数学文化、历史故事、生活场景、游戏活动能够给孩子带来数学的思考与启迪，那么，这个设计、这个环节、这样的内容就是有价值的，否则，不如返璞归真，用数学的眼光关照数学。这节课我让孩子们猜躲藏在云朵背后的图形，并说出猜想的理由，通过猜想平面图形的依据来引出角。这样的设计是为了凸显角的数学本质。我认为教师的价值就在于对概念的解读、凝练、提升。

三、在活动中突破

低年级儿童的数学学习应更多地蕴藉于数学活动之中。仔细梳理这节课的知识，师生共同研究的点是两个：一是"角的特征"，二是"如何说明角的大小"，也即角的大小与什么有关。研究的点不多，看上去也很简单很基础，但对低年级儿童来说，要让他们认识、理解、内化这两个点却需要教师动一番脑筋。关于如何说明角的大小，我在课前着实重点思考了。从夹子夹球，到用活动角去套图形上的角，通过各种活动让孩子充分感悟角的变大或变小与角的两边叉开有关系，而和边的长短没有关系。数学课的要义应该是探寻真知，关注儿童对于数学知识意义的真正理解，认识"角"的过程就要和孩子一起专注于"角"这一新知，鼓励学生在学角、做角、玩角的活动中探索"角"这个数学概念，感悟、归纳、总结、内化"角"的真正涵义，积累合情、有趣的活动经验。

我认为教师的价值就在于对数学活动的设计、组织与参与引领。数学教师应该设法呈现智慧、有趣、有数学味的课堂，让孩子们在愉悦轻松的氛围中学习数学知识，感受数学文化，锻炼思维能力。

3.动手操作：积累图形经验的不二途径

教学实施

"这样的图形，对称轴的条数和边数一样多"

教学内容：苏教版四年级下册第5—6页。

教学目标：

（1）通过活动，认识轴对称图形、对称轴，并不断深化认识。

（2）感受图形的结构美，发展空间观念，形成对图形的学习与活动经验。

教学重点：认识、辨别轴对称图形，补全图形。

教学难点：画出轴对称图形的所有对称轴。

教学过程：

一、认识轴对称图形，还学生学习时空

师：说到图形，同学们都学习过了哪些平面图形？

生：我们已经学习过了长方形、正方形、三角形、平行四边形。

生：我来补充，我还认识梯形。

师：这些图形可是有着许多值得研究的地方。今天咱们研究的是，这些图形中，哪些是轴对称图形，哪些不是。

生：我知道，长方形、正方形就是轴对称图形。

师：那其他的图形呢？咱们分小组来研究一下。

［教师出示研究要求：（1）折一折：哪些图形是轴对称图形？（2）找一找：如果是轴对称图形，分别有几条对称轴？（3）画一画：画出轴对称图形的对称轴。学生利用各种图形纸片进行分组操作研究。］

师：各个小组都有了研究成果，哪个小组愿意来汇报？

生：（上台）我先来汇报。我研究的是长方形。（将长方形纸片放在实物投影仪下方演示）长方形可以上下对折，是完全重合的；换个方向，左右对折，也是完全重合的。所以长方形是轴对称图形，它有两条对称轴。

师：你的汇报很有条理，非常好，其他同学对他的说法有提问的吗？

（学生纷纷摇头表示没有）

师：老师有个疑问，那长方形可不可以斜着对折呢？

生：我试过了，如果将长方形斜着对折，两部分不能完全重合，所以，这样折不能说是轴对称图形。

师：非常好，咱们继续来研究。

生：（上台）我研究的是一个三角形，同学们看，这个三角形不管怎么对折，都不能完全重合，所以三角形不是轴对称图形。大家同意吗？

（一些学生点头）

生：（举手）我不同意他的意见。

师：哦，那你上台来交流。

生：我这个三角形经过对折能够完全重合。这个三角形是轴对称图形。

师：这是怎么回事啊？（将三角形放到实物投影仪下）要不把这两个三角形放一块比较一下。

（学生踊跃举手）

生：我发现这两个三角形有不同，刚才杨佳锦研究的三角形是一个等腰三角形。沿着这条高进行对折，左右两边就完全重合了。

师：哦，那对于三角形能不能直接说是或者不是轴对称图形？

生：不行，三角形要看情况，如果是等腰三角形，就是轴对称图形，如果是普通三角形……

师：（插话）一般三角形。

生：如果是一般三角形，那就不是轴对称图形了。

生：我还有补充，我想到了还有一种三角形。

生：（踊跃）对，还有等边三角形。

师：（出示一个等边三角形纸片）谁来上台操作？

生：我来。我可以这样折，两边完全重合，换个方向折，两边也完全重合，再换个方向折，两边还是完全重合的，所以等边三角形也是轴对称图形。

师：那等腰三角形和等边三角形都是轴对称图形，也就是一样的喽？

生：不一样，等腰三角形只有一条对称轴，而等边三角形有三条对称轴。

师：（翘起大拇指）孩子们，咱们用热烈的掌声来表扬这些善于观察、善于动脑的同学。

（教室里响起热烈的掌声）

师：咱们继续来研究。

生：我刚才研究的是这样一个梯形，我发现不管怎么折都不能完全重合，起初我想梯形不是轴对称图形，但刚才对三角形的研究让我想到了，如果梯形的两条腰相等的话，就应该是一个轴对称图形。

师：孩子，你的想法非常好，座位上有哪一位孩子的梯形是等腰梯形的，请上台来操作演示。

生：（上台）我这个是等腰梯形，可以这样对折，梯形的左右两边完全重合。

师：关于梯形，谁来小结一下？

生：我来小结，等腰梯形是轴对称图形，有一条对称轴；一般梯形不是轴对称图形。

师：非常好，孩子们，老师为大家的研究精神所折服。咱们继续来研究别的图形……

【设计意图】每一位孩子都有适合他学习的天空，在适合的时空中，他能抬眼望到属于他内心的星空风景。曾经的课堂，面对这样的一个课题，教师逐一进行各种图形的轴对称性质的分析，按部就班、循序渐进地让孩子认识平面图形中的轴对称现象，画出对称轴，教师把控着课堂的节奏与儿童的思维，看似规矩，实则禁锢。本课通过开放课堂研究时空，放手让孩子进行操作与小组合作，在折一折、找一找、画一画任务驱动下自主活动，讨论交流，思维碰撞，体会平面图形中哪些是轴对称图形，哪些不是。在丰富的实践活动中，在精彩的交流碰撞中，孩子们对轴对称图形的认识从模糊走向清晰。教师的放手也开放了孩子们自主研究的时空，激发了孩子们内心的探索欲望，课堂显现出丰富、开放的生态。

二、探究对称轴数目，引孩子思维之泉水

师：孩子们，你们对轴对称图形的研究可真清楚。老师这儿还有几个图形，看看是不是轴对称图形，分别有几条对称轴。

（出示课件图 3-1）

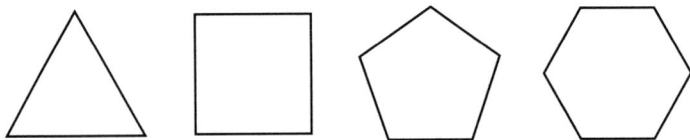

图 3-1

生：老师，三角形和正方形我们刚刚已经研究过了，是轴对称图形，分别有 3 条和 4 条对称轴。

师：好的。因为这个三角形的三条边是相等的，所以它是——

生：（齐）等边三角形。

师：也叫正三角形。

（出示课件图 3-2，显示正三角形与正方形的图形名称与各条对称轴）

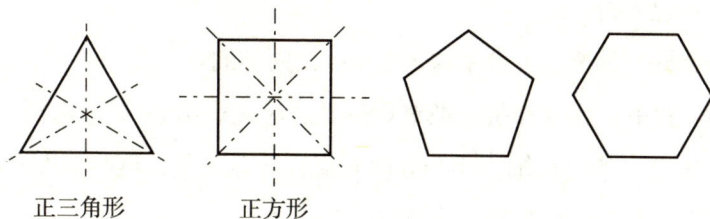

正三角形　　　正方形

图 3-2

师：（指向正五边形）接着再看，这个图形呢？

生：觉得这个图形是轴对称图形，有一条对称轴。

师：你愿意上台用这个纸片操作给同学们看吗？

生：（上台）我把纸片这样对折，左右两边完全重合，所以这个图形是轴对称图形。这条就是对称轴。

生：（上台）我还有办法。我可以换个方向对折，左右两边完全重合。这条也是对称轴。

师：哦，换个方向，给我们的思考打开了一个角度。还有吗？

（学生们踊跃地喊："还有，还有。"）

生：（上台）我还可以换另外的方向（依次换方向折，得到另外三条对称轴）。

师：还有不同的折法吗？

生：我觉得没有了，因为这个图形有五条边，所以就有五条对称轴。

师：（演示课件）同学们研究得很清楚了。那再瞧瞧最后那个图形。

生：这是轴对称图形，它有三条对称轴。

生：不对不对，它有六条边，有六条对称轴。

生：我觉得是三条，因为它的边是对应的。

师：大家觉得呢？

（生讨论："有三条""有六条"）

师：数学课堂就是出现不同声音的地方。但有了不同的声音与想法，咱们就得来研究，大家觉得要怎么研究？

生：也来折一折。

师：好，谁愿意上台拿这张纸来折给同学们看？

生：我来。我这样折（把对称轴经过对应边中心），左右两边完全重合，这是一条对称轴；换个方向对折，又有一条；再换个方向对折，又有一条。没有方向再换了。所以一共三条。

师：哦，没有方向换了。施荣阳认为就是三条。还有谁愿意上台吗？

（其他学生有些疑惑，不敢评价，也不敢上台。）

（师不动声色地把刚才折的六边形转过一个位置，放成一组尖角朝上、朝下位置）

师：孩子们，大家再观察观察。

生：（上台）我还可以这样对折，左右两边是完全重合的。还可以这样……（继续换方向对折出另外两条）

师：孩子们，在大家的观察、思考、动手中，这个图形的对称轴都被一一找出来了。总共几条？

生：（齐）六条！

师：（出示课件图3-3）能够找全这几个图形的对称轴不是真本领。观察这几个图形，如果你能从中有所发现才是真本领。

（生观察讨论，慢慢有人举手了。）

生：老师，我发现，这样的图形，对称轴的条数和边数一样多。

师：哦，你能详细地说说吗？

生：大家看，正三角形有三条边，就有三条对称轴；正方形有四条边，就有四条对称轴，正五边形有五条边，就有五条对称轴；正六边形

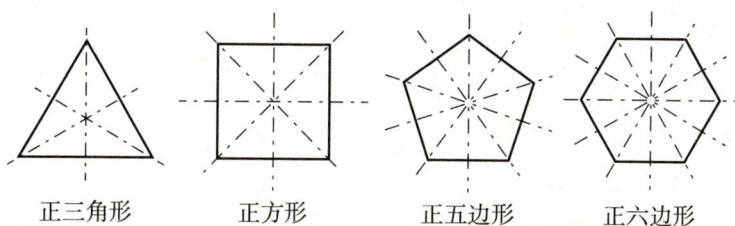

正三角形　　　正方形　　　正五边形　　　正六边形

图 3-3

有六条边，就有六条对称轴。所以我发现正几边形就有几条对称轴。

师：说得太好了，请大家用掌声表扬他。还有谁有别的发现？

（生继续讨论）

生：老师，我有发现。我觉得这些图形画对称轴有个窍门。

师：哦，你也来说说。

生：如果这个图形的边数是单数，对称轴就从一个角画到边——

师：（插话）从一个顶点画到对边的中点。

生：嗯。如果这个图形的边数是双数，对称轴就从一个顶点到对面的顶点。

师：嗯，对的，还有吗？

生：还有，除了顶点的对称轴，还有从边的中点到对边的中点。

师：请大家用热烈的掌声表扬她。

师：孩子们，老师为大家表现出的智慧感到欣慰。不过这题目还没有结束。大家继续看——（出示课件图 3-4）

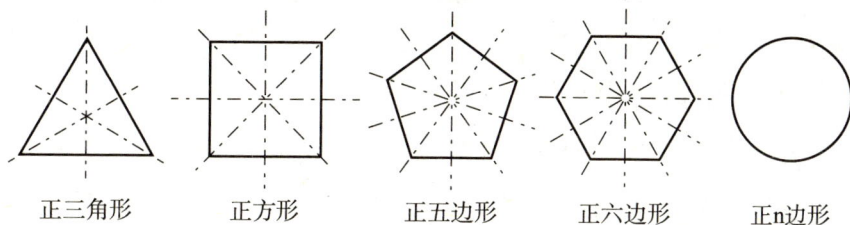

正三角形　　　正方形　　　正五边形　　　正六边形　　　正n边形

图 3-4

生：（齐）n 条！

师：哟，大家都把规律找到了，再看——（课件隐去"正 n 边形"，出示图 3-5）那这会儿呢？

生：（齐）无数条。

生：老师，正几边形的边无限多时，成了圆，因为边无限多，所以对称轴的条数就无限多了。

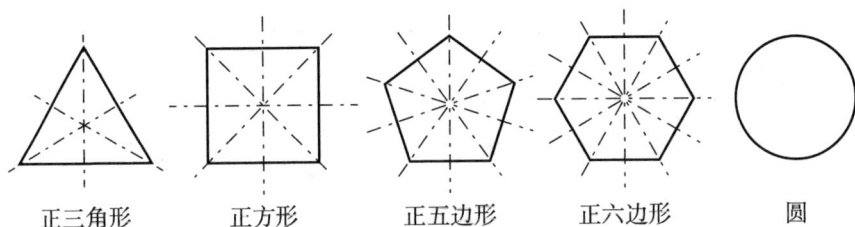

正三角形　　　正方形　　　正五边形　　　正六边形　　　圆

图 3-5

师：非常棒！老师把图形再变换一下。（出示课件图 3-6）孩子们，这会儿大家还能画出这些图形的对称轴吗？

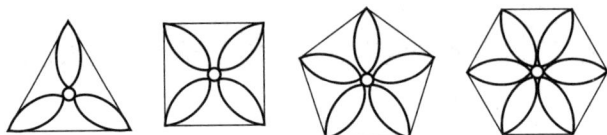

图 3-6

生：老师，这和刚才的正三角形、正方形、正五边形的思考方法是一样的。

师：你能不能具体说说？

生：（上台）第一个图形可以看成是正三角形的样子，通过三个花瓣画出三条对称轴；第二个图形和正方形的想法是一样的；第三个图形和正五边形的想法一样；第四个图形和正六边形的想法一样。

（师出示课件图 3-7）

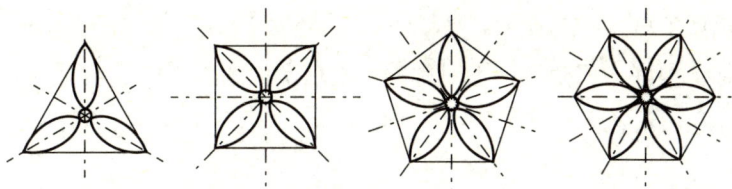

图 3-7

生：我还有补充，如果把这些图案继续往下画，最后也得到的是一个圆。

【设计意图】学生的自主探索和发现、创造性的学习需要教师的启发与引领，尤其在学生的思维困惑处，更需要教师的介入与指导，教师的价值恰恰体现在课堂中精准的引领与介入。如果把孩子的思维比作自然流淌的泉水的话，那么教师的引领与介入无疑具有引泉入川的作用。教师的引领，带动了孩子的思考，促进了课堂精彩的交流。孩子们充分经历探究了对称轴数目的过程，在找寻规律的过程中迸发出思想与智慧的火花，对数学的学习兴趣也大大提高了。

三、画轴对称图形，打开儿童创造之窗

师：上课之前，我们玩了给小蜘蛛找对称位置的游戏。在数学上，我们也可以用一个点来表示蜘蛛。谁能为这个点按这条对称轴找下对称点？（出示课件上下纵向的对称轴，如图 3-8）

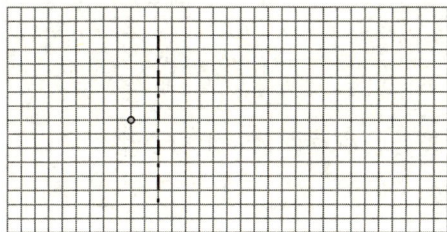

图 3-8

生：（上台指）这个点离对称轴 2 格，所以它的对称点也离对称轴 2

格，是这个点。

师：很好，那变换一下对称轴（出示课件图 3-9），这会儿对称点在哪里？

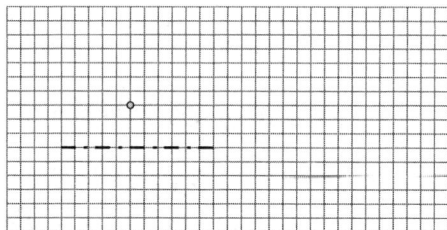

图 3-9

生：（上台指）这个点在对称轴上方 3 格，所以它的对称点应该在对称轴的下方 3 格。

师：点还是原来的点啊。怎么对称点的位置不一样了呢？

生：是因为对称轴的位置改变了。

师：嗯，看来找对称点，对称轴的位置非常重要。我提高下难度，同学们看——（出示课件图 3-10）这会儿，对称点在哪里？

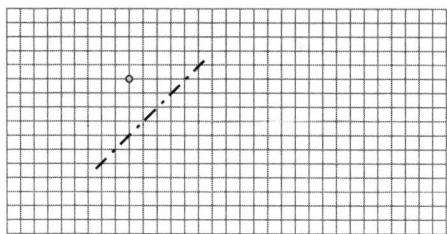

图 3-10

生：（踊跃）这个点在对称轴左上方 2 格，所以它的对称点应该在对称轴右下方 2 格。

师：看来难不倒大家啊，那老师再增加一些难度好不好？

生：（齐）好!

师：（出示课件图 3-11）这会儿，谁来为这两个对称的点找下对称轴啊？

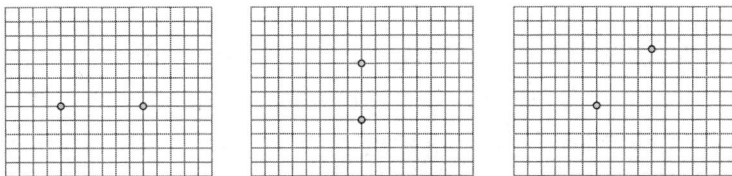

图 3-11

（学生交流，并分别指出对称轴的位置。）

　　师：大家的观察力越来越厉害了。现在老师把几个点连成一个图案（出示图 3-12），同学们能不能把这个图案的对称部分补充完整？请大家拿出练习纸，画出对称图案。

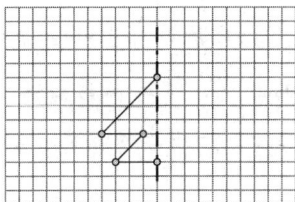

图 3-12

（学生作画）

　　师：谁愿意上台展示并交流想法。

　　生：（上台）我是这样画的，先找出这三个点的对称点，然后把对称点再连接，就画好了。

　　师：你的意思是画对称图形首先找出对称点？

　　生：是的。只要找到对称点，图形就很容易画好了。

　　师：非常好。看来同学们已经掌握了画对称图形的方法了。刚才是老师给定大家对称轴的，如果老师把对称轴擦去，想一想，对称轴还可以在什么地方？还可以画出怎样的对称图形？

　　[课件出示任务要求：（1）定对称轴：在图上画出确定后的对称轴。（2）找对应点：根据对称轴的位置，找出各对应点。（3）画对称

图：画出另一半对称图案。（4）小组讨论：在组内说说自己画的步骤与方法。]

（学生交流，呈现出多种对称图案设计，如图 3-13）

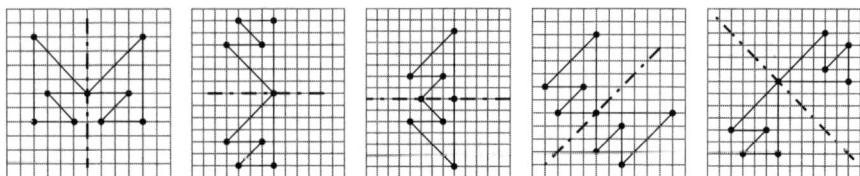

图 3-13

【设计意图】关于创造性能不能教，一直有争论。我认为，我们不是教孩子创造，而是教孩子关于创造的方法。小学数学课堂教学要关注与培养孩子的创造方法，在方法的指引下，激发孩子创造的天赋与潜能。本环节轴对称图形的画法，就是在教师的方法指引与任务驱动下，不断突破孩子的思维定势，创造出丰富多彩、引人入胜的对称世界。

教学反思

课堂有限而思考无界

教材是教师组织教学的范例，教材修订前后的变化，应该成为教师备课时思考的一个着力点。原先在苏教版《数学》四年级下册第八单元的"对称、平移和旋转"被安排到了第一单元，并改为"平移、旋转和轴对称"，"图形的对称"被安排于"平移、旋转"之后，我想这样的修订更好地体现了循序渐进、由易及难的教学原则。虽然图形的平移、旋转和轴对称都是一种全等变换，运动前后图形的形状、大小都没有变化，但运动方式以及构成图形不同运动方式的要素不同，孩子认识和理解的难度也不同。先学习图形的平移与旋转，可以更好地为图形的对称作运动表象的积累，进而让孩子更为准确地把握不同运动方式的本质特征。

对比修订前后的"图形的对称"一课，原教材将对称图形的认识、找图形的对称轴、画轴对称图形的另一半融为一体，并未清晰梳理层次，甚至出现复杂图形在前、简单图形在后的情况。修订后的教材对原素材进行了充实与改造：一是加强了对轴对称图形以及对称轴的认识，引导学生通过折纸，体会有些平面图形是轴对称图形，而有些不是；在轴对称图形中，有些只有一条对称轴，而有些图形的对称轴不止一条。二是加强在方格纸上补全一个轴对称图形的方法指导，重点引导学生通过找出对应定点来确定轴对称图形的另一半。修订后的教材层次更为清晰，更聚焦图形对称的重点，更关注培养学生的观察与动手操作能力。

通过以上新旧版本的比较，教学可以定位于让学生认识轴对称图形并能进行辨认，认识对称轴并能准确找出，能在方格纸上补全一个轴对称图形并掌握其方法，能从对称的角度欣赏图案、设计图案，并感受美、创造美。在方格纸上根据图形对应点的关系来补全轴对称图形，是孩子感知图形特征，形成表象，建立空间观念过程中需要经历的重要环节。因此，课堂必须紧紧抓住这个关键，突出轴对称图形的本质特征，通过独立思考和合作交流，为孩子积累丰富的图形变换经验。

课堂关注点与教学层次由此自然生成：其一，通过观察、操作来认识轴对称图形，辨析常见的平面图形中哪些是轴对称图形，哪些不是；其二，用操作的方法来辨认各轴对称图形都有几条对称轴，正多边形的对称轴有怎样的特点；其三，让孩子在方格纸上根据指定的对称轴补全轴对称图形的另一半，这是课标要求，也是本课的一个教学目标。但仅此还不能让孩子很好地感受图形的结构美，在孩子掌握补全图形另一半方法的基础上，可以让他们根据图形的特征，自己确定对称轴的位置，并根据确定后的对称轴来补全图形的另一半，以达到创造美的目的。

这节课的设计和实施，有以下三个特点：

一、变刻意为自然

对于规律性知识，人们的学习和了解依赖于"发现"的活动。"发现"的途径或许有两种：一种是有着明确目标和动机的，学习者知道自己想要做什么或者需要做什么，然后经过学习获得知识；另一种方式是对所获取的知识本没有期待，而是在解决其他相关问题时自然衍生出来，属于妙手偶得之。本课教学中的第二个环节就属于后者。学生在探究各种正多边形有多少条对称轴时，渐行渐知，从"异中求同"的相容意义的联系中发现了规律：不同的正多边形，虽然其对称轴的条数各不相同，但相同的是对称轴的条数和对应的正多边形的边数一样，即正 n 边形就有 n 条对称轴，圆形突破了边的限制以至无限，因此对称轴也就有无数条。

二、从经验到数学

数学学习中常说的"理解"，是指儿童从问题出发，通过探究，将新的知识内化，形成新的认知结构。从这个角度而言，学习的过程首先是感知和经历，儿童的数学学习表现为经验的积累，理解数学发展过程中所积淀至今的间接经验，通过学习，建构起个人的认知经验。如本课对于三角形是不是轴对称图形的讨论，从学生已有的知识经验出发，不断地提出观点，推翻观点，修正观点，最终建立与生成新的结论与经验，深刻理解了三角形的对称特性。

史宁中教授认为，数学思想本质上有三个：抽象、推理与模型。如果说以往的小学数学课堂侧重知识与经验，即重视概念的抽象与定义的形成过程，重视学生的经验积累过程，那么，今天的课堂，教师应努力开拓建模这一数学思想，学习不仅仅表现为经验的获得，更应表现为数学思想的渗透与数学模型的建构。在本课教学中，当孩子们研究平面图形的对称性，并获得"对称轴的条数和对应的正多边形的边数一样，即正 n 边形就有 n 条对称轴"这一经验的时候，我将教材修订前的一道习题进行巧妙改编与挖掘，把正多边形幻化为花瓣形的对称图案，帮助孩子们将对正多边形的对称性的理解进行迁移与提升，形成关于正多边形的对称模型。

从未知—知道—理解—思想，是儿童学习数学螺旋上升的认知发展途径，只有将学生的知识经验提升为数学思想，在学习数学知识、积累数学经验的同时提升数学思维能力，感悟数学思想方法，才能发展学生智力，开启学生智慧。

三、破定势至无界

定势源自人们观察与思维的习惯，是一种惯性思维。其固定的思维指向与思考方式在一定范围内固然能有助于人们解决相同或相近的问题，但其思维的保守与惰性却又很容易导致思考的僵化，创新精神被压抑。我们的数学课，图形往往都是端正摆放的，这些正放着的图形使学生形成一种思维定势，以至于教师把同一个摆放端正的正方形转过一个角度再次摆放到黑板上时，学生就不认为这是正方形了。

《图形的对称》一课中，我通过丰富的变化打破了孩子的思维定势。比如，改变正六边形摆放的角度，让学生找到了另外三条对称轴，进而为正多边形对称轴数目的探究作了铺垫。再比如，采用变换对称轴位置的方法来让孩子们寻找同一个点不同位置的对称点；给出互相对称的两点位置，确定相应的对称轴；从一个点到多个点，继而到连线成图案，并通过打破对称轴上下纵向或左右横向这一常见定势，让孩子们自己确定对称轴，为孩子们最终创造出众多美丽的对称图案提供了多样的视角。

4. 厘清"分配"：建构乘法分配律的前提

教学实施

"因为分开求与合并求都求出总人数，所以是相等的"

教学内容：苏教版四年级下册第 62—63 页。

教学目标：

（1）立足乘法的意义学习乘法分配律，结合图来分析让学生亲历建模的过程，从识、辩、用、拓四个层次来分析模型，真正建构乘法分配律的认知。

（2）经历观察、比较、分析、概括、猜想、归纳等活动过程，培养初步的归纳与演绎推理能力、符号意识。

教学重点：乘法分配律的认知与应用。

教学过程：

一、先从词义来理解

师：孩子们，今天咱们研究的课题是——

生：乘法分配律。

师：课题就五个字。对这五个字大家都理解吗？

生：我熟悉"乘法"两个字。

（其他学生笑）

师：那"分"呢？

生：平均分。

生：分离。

师：是的，分的意思很简单，就是分开的意思。那么，"配"又是什么意思呢？

（生面面相觑）

师：有困难，找字典。张老师课前查阅了百度词典，大家看——（出示图4-1）

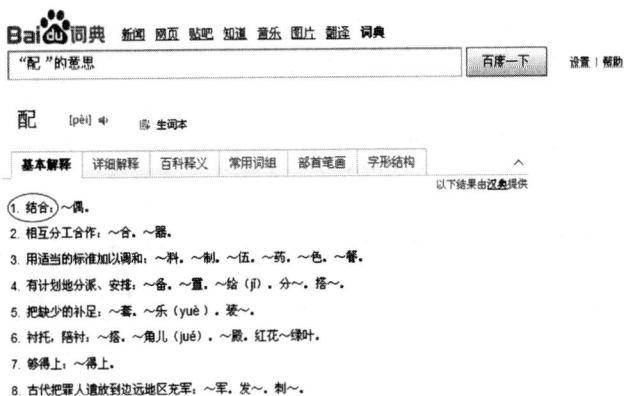

图4-1

这个解释能否给今天的学习带来启示呢？

二、出示问题情境

师：咱们一起来看学习素材（出示图4-2），同学们看到了怎样的信息？

生：黄衣服同学队形，每行13人，有8行。红衣服同学队形，每行11人，有8行。

师：围绕这样的信息，谁能提出相应的问题？

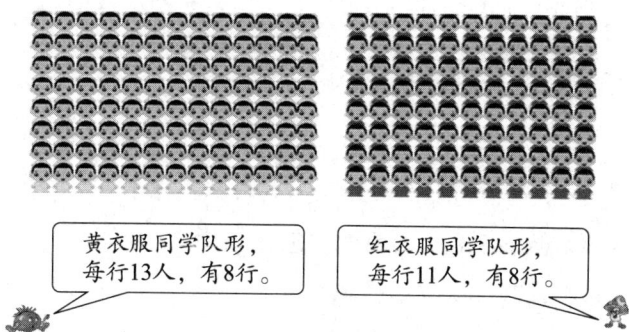

黄衣服同学队形，
每行13人，有8行。

红衣服同学队形，
每行11人，有8行。

图 4-2

生：黄衣服同学队形有多少人？红衣服同学队形有多少人？

师：可以一句话概括成"两个队形各有多少人？"

生：两个队形一共有多少人？

生：黄衣服队形比红衣服队形多多少人？

【设计意图】从学生熟悉的队列队形的问题情境引入，引导学生在熟悉的情境中发现问题，提出问题，概括问题，聚焦问题，从而引起学生进一步探索新知的兴趣与需求，激发学习积极性和主动性。

师：好的。同学们都提出了很好的数学问题，为了研究的方便，咱们确定解决这个问题：参加团体操表演的学生一共有多少人？谁有解决办法？

生：我的方法是：$13 \times 8 + 11 \times 8$。

师：（板书算式）可别急着坐下，你对照情境图，说说算式是什么意思。

生：13×8 求到的是黄衣服同学队形的人数，11×8 求到的是红衣服同学队形的人数，再加起来就求到团体操队形的总人数。

师：好的。老师听出来了，你是把图中的两个队形分开思考求出人数后再求出总人数的。（板书：分）

（许多学生踊跃举手）

师：这么多孩子高高举手，还有别的方法吗？

生:（13+11）×8。

师:（板书算式）你也别急着坐下，也来对照情境图，说说算式是什么意思。

生:13+11求出一行总共有多少人，再乘8就求到总人数了。

师:这两个队形不是分开着吗?怎么想到"13+11"?

生:我是把这两个队形给合起来了。

师:那这两个队形能否顺利合并?（板书:合）

生:（齐）能!

师:那为什么能顺利地合起来?

生:因为这两个队形的行数相等，所以能够合并起来。

师:在这里，正因为行数相等，所以我们可以说两个队形能一行一行匹配，合并成一个完整的队形。[板书:配（合）]

【设计意图】通过两种不同方法的对比，使学生发现在解决同一个问题时，所采用的两种不同方法之间的联系与区别，初步感悟通过分开思考解决问题与合并思考解决问题的思想，为概括规律与解释规律埋下伏笔。

师:那这两条算式结果相等吗?

生:（齐）相等。

师:谁有办法来说明或验证为什么相等?

生:因为分开求与合并求都求出总人数，所以是相等的。

师:好的，你是结合图来说，两种方法求出的都是总人数，所以相等。

生:我认为看两条算式是否相等，得计算。

师:好的，那同学们都可以来算一算。

（学生计算，得出结果相等。）

师:同学们通过计算来验证刚才的猜想，这方法很好。我们以前学习过乘法，知道乘法的意义，还有谁有自己的方法来说明?

生:我认为，13×8表示13个8，11×8表示11个8，13个8与

11个8合起来就是24个8。而（13+11）×8也正好是24个8，所以，两条算式是相等的。

（教室里响起了掌声）

师：非常好。你站在乘法的意义的角度来证明了这两条算式是相等的。（板书："="，乘法的意义）

师：刚才，我们用分与配这两种方法解决了这个问题，咱们回头看图，"分"与"配"中什么是相同的？

生：行数相同，总人数相同。

师：那在计算时又有什么不同？

生：一条算式有括号，一条没有括号。

师：有没有括号意味着什么？

生：意味着运算顺序不同，没有括号的要先算乘法，再算加法；有括号的应该先算加法，再算乘法。

【设计意图】观察、猜想、验证、比较是数学学习的一般方法，也是培养学生数学核心素养的必要方法，鼓励学生大胆猜想与验证说明，既是对乘法分配律的初步概括，又有利于学生感悟探索数学学习的一般过程，发展初步的思辨能力与实践能力。

三、深化认识

师：好，看来同学们对分与配这两种方法有了一些感悟。在数学上，数与形是紧密联系的。大家接着看屏幕。（课件出示）张老师用两个长方形来表示刚才的两个队形（图4-3）。

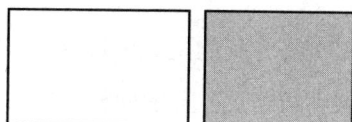

13×8+11×8　　　（13+11）×8

图4-3

谁能根据这两条算式给这两个长方形补上相关的数学信息?

生:黄色长方形的长是 13 厘米,宽是 8 厘米;红色长方形的长是 11 厘米,宽是 8 厘米。

师:你的思维敏捷,信息补得很不错。但考虑到这两个长方形表示的是团体操队形,张老师把单位改成米。(课件出示图 4-4)

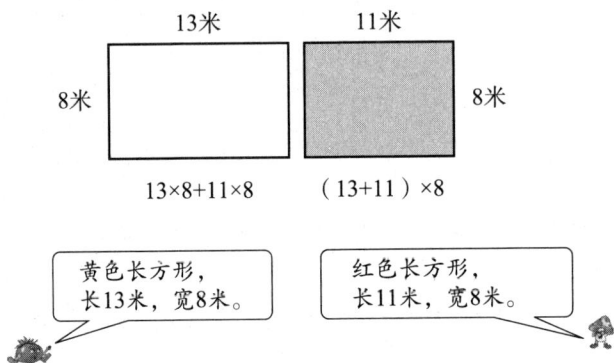

图 4-4

根据信息,你想到的问题是什么?

生:这两个长方形的周长一共是多少米?

生:我不同意,应该求的是这两个长方形的面积一共是多少平方米?

师:同学们同意哪种观点?

生:我同意求面积,因为算式求到的是面积。

师:好的,那你来说说这两条算式分别表示什么意思?

生:13×8 求到的是黄色长方形的面积,11×8 求到的是红色长方形的面积,再加起来就求到两个长方形的总面积。

师:可以继续说。

生:方法 2 中的 13+11 求到的是黄色长方形和红色长方形的长一共多少米,再乘 8 也就求到两个长方形的面积和。

师:那看起来,这两个分开的长方形也能够配成一个图形喽?

生:(齐)能。

师:为什么能够配?

生:因为它们的宽是相等的。

(课件演示两个长方形拼成一个完整的长方形)

师:这两条算式的结果相等吗?

生:(齐)相等。

师:这会儿两条算式表示的是两个长方形,怎么也相等啊?

生:是相等的。用乘法的意义来理解,13×8表示13个8,11×8表示11个8,13个8与11个8合起来就是24个8。而($13+11$)$\times 8$也正好是24个8,所以,两条算式是相等的。

师:听起来很顺,但我有疑问。刚才的团体操队形图,黄衣服同学队形里有13个8,大家都很明白。但在这里,我就有些不懂,13×8求出的黄色长方形的面积,这里黄色长方形不就是一个长方形吗,哪来的13个8?

(生面面相觑)

师:大家可以在小组里讨论讨论。

生:我觉得可以把长方形横着分割。(边说边用手势比划)

生:我认为还可以竖着分割。(也比划手势)

师:随意分割吗?

生:不是的,是1米1米地分割。

师:在大家的理解中是不是这个样子?(出示图4-5)

生:(大声)是的。

师:那这里的1格表示的是什么?

生:这里的1格是1平方米。

师:我们把这1格叫作1个单位,13个8表示什么?

生:13×8个单位。

师:好的。这会儿回过去看算式,再来看乘法的意义,你们认为算式相等吗?

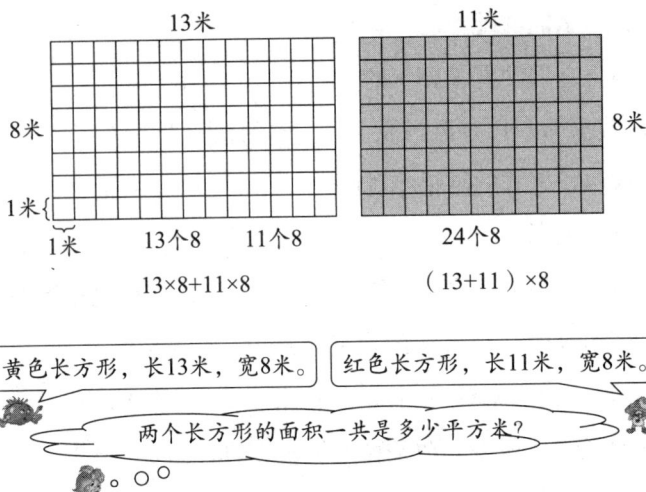

图 4-5

生：两条算式是相等的。

【设计说明】教师的价值应该体现为课堂中的引领。学生的自主探索、发现、创造性的学习犹如思想溪流中的朵朵浪花，有时需要受外部影响并经过主体内化过程才形成的，这外部的影响说到底是教师积极有效的课堂引领。如果把孩子的思维比作自然流淌的泉水的话，那么教师的引领与介入无疑具有引泉入川的作用。通过教师的引领与介入，带动孩子的思考，增进课堂交流，让孩子充分经历探究两条算式相等以及为什么相等的过程，在找寻规律的过程中引发他们对数学的兴趣与热爱。

师：大家观察黑板上与屏幕上的这组算式。你们也能照着样子来举一道这样的例子吗？

生：$8×7+9×7 = （8+9）×7$。

生：$15×4+17×4 = （15+17）×4$。

生：$12×5+18×5 = （12+18）×5$。

师：张老师觉得刚才的一位同学所举的例子比较巧。你们觉得呢？

生：我听出来了，他说的 12+18 正好凑成整十数，这样算式就巧了。

师：你认为的巧是什么意思呢？

生：就是计算简便了。

【设计说明】规律的发现需要变式的支撑，通过变化的外表来寻找不变的内核有利于培养学生的观察能力、归纳能力，是提升学生数学素养、数学能力的重要方法，组织学生对不同的变式情况进行观察和比较，逐步发现其内在规律，可以有效地促进学生建立乘法分配律的结构。

师：对啊！那这样的例子写得完吗？大家能不能用自己的话把这共同的规律写出来？

生：$a×c+b×c=（a+b）×c$。

生：甲 × 乙 + 丙 × 乙 = （甲 + 丙）× 乙。

生：○ × △ + ☆ × △ = （○ + ☆）× △。

师：（分别板书学生的回答）同学们概括得非常好，在数学中，我们常用字母表达式。大家读读。

（生齐读）

师：这个规律有一个名称。

生：（齐）乘法分配律。

师：大家怎么想到的？你们觉得为什么用这个词？

生：因为这里的两条算式，一种是分的方法，一种是配的方法。

师：那为什么把它命名为乘法分配律而不是加法分配律呢？

生：我觉得这两种方法是能用乘法的意义说明相等，而不是加法的意义。

【设计说明】组织学生用自己的语言描述发现，概括规律，归纳提升，这样有利于学生逐步实现知识的内化。引导学生经历用符号表示乘法分配律的过程，有效避免了因文字表达的冗长而造成的记忆负担，让学生感悟数学符号的简洁性与一般性，初步培养学生的模型思想、符号意识。

四、呈现变式，辨析升华

师：咱们继续把图变一变。（给两个图形作往下延伸的变化）图形有了怎样的变化？（出示图4-6）

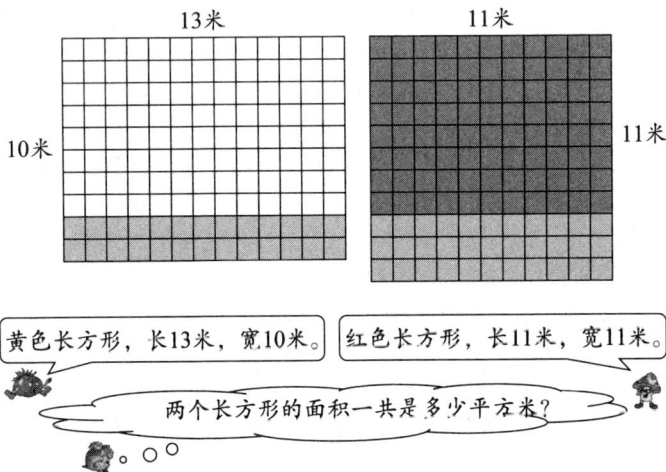

图 4-6

生：两个长方形的宽都变大了。

师：我们补上条件。谁来继续解决这个问题？

生：我的方法是：$13 \times 10 + 11 \times 11$。

生：我用"配"的方法，$(13+11) \times \cdots\cdots$嗯，我不知道该乘哪个数了。

师：怎么配不起来了？

生：左右两个图形，宽不相等，配不起来了。

师：就是啊，孩子们，看这条算式，和上面的字母表达式有什么不同？

生：两边的乘法运算中，找不到相同的一个乘数。

师：对，在图上就是没有相同的宽，那图形怎么改，两幅图又能配了？

生：（踊跃举手）把黄色长方形下方增加一行就可以配了。

生：还可以把右边红色的长方形去掉一行也可以配了。

【设计意图】思维训练不但需要考虑正确性、全面性，也需要能发现错误、规避错误。不同的变式情形也即让学生从不同的角度，甚至从错误的角度来思考，通过辨析错误资源来更好地建立正确的数学模型，让学生用思辨的方式来清晰地把握知识结构，促进他们数学思维的不断提升。

五、巩固练习，促进内化

1. 填空

$27 \times 12 + 43 \times 12 = （27 + \square） \times \square$

$15 \times 26 + 14 \times 15 = \square \bigcirc （\square \bigcirc \square）$

$56 \times \square + 44 \times \square = （\square \bigcirc \square） \bigcirc \square$

$63 \times 15 + \square \times \square = （\square + \square） \times \square$

师：第4题，填上怎样的数，就可以让计算巧一些？

生：我有办法，$63 \times 15 + 7 \times 15$，这样计算就巧一些了。

生：我可以更巧一些，$63 \times 15 + 37 \times 15$，可以更方便了。

师：孩子们，大家都有一双聪明的眼睛。老师为大家点赞。带着这样的感悟，我们来做做平日里感觉挺繁琐的乘法计算吧。

2. 计算

$75 \times 22 + 25 \times 22$　　$125 \times （8 + 80）$　　102×15

$26 \times 16 + 44 \times 16 + 30 \times 16$

师：大家怎么算得这么快啊？

生：我们都用了简便计算。

师：看来乘法分配律可以让我们的计算变得快速、高效。孩子们，这里的第4道题和刚才研究的题目有什么不同？大家也能简算吗？

生：可以简算的，$（26 + 44 + 30） \times 16$，就可以简算了。

师：那看来，乘法分配律还可以拓展。拓展后的乘法分配律可以用示意图表示（出示图4-7）。张老师可不可以继续往后画长方形？对往后增加的图形有什么要求？

乘法分配律的拓展：

$$a×c+b×c=(a+b)×c$$

$$a×c+b×c+d×c=(a+b+d)×c$$

图 4-7

生：当然还可以往后加长方形，只要所加的长方形的宽一样长就行了。

【设计说明】让学生根据乘法分配律来填空，并从不同角度对乘法分配律作出解释，体验应用乘法分配律进行的一些简便计算，既加深了学生对乘法分配律的理解，又为学生进一步学习相关的简便运算作必要的铺垫。

教学反思

教学的智慧来自集体讨论与个人思考

在教学《乘法分配律》前，教研组里的各位老师展开了讨论。有过循环教学经验的严老师提醒，乘法分配律是易错单元，但又很重要，试卷命题则往往将此作为常设单元。孩子已入读中学的王老师补充道，乘法分配律是七年级时学习合并同类项内容的基础。年轻的黄老师则建议开展一次计算比赛，让孩子通过比赛的形式来感悟乘法分配律的优越性……看来大家对这一知识点的重要性是有共识的。

我向组内的老师们提出一个问题：如何理解乘法分配律中"分

配"这个词？话题一出，各位老师七嘴八舌地讨论起来。平日里话语不太多的胡老师先提出，"分配"即把括号外的因数分别分配给括号中的另外两个数，比如（5+8）×9，就是把9分别分配给5与8，得到5×9+8×9。话音未落，顾老师即刻反对，9是一个因数，怎么能够说成分别分配？应该说把加数5与8分配给因数9，得到5×9+8×9。陈老师则认为，分配的要义是搭配，即5×9+8×9就是9个5与9个8相加，5+5+5……共9个，8+8+8……共9个，然后1个5搭配1个8得到1个13，共能搭配9个13……办公室里热闹一片。

我想，为什么"分配"不能理解成"分"与"配"两个不同之义？如果分开理解，那么何谓"分"，何谓"配"？乘法分配律这个名称如何对应解释 $a×c+b×c=（a+b）×c$ 这个字母表达式？

由于对"分配"一词存有困惑，因此我决定从词典入手，看看平日里所熟悉的"分配"一词到底是什么意思。我在百度词典中检索出如下三种意义：①按一定的标准或规定分（东西）；②安排、分派；③经济学上指把生产资料分给生产单位或把消费资料分给消费者。这三种意义更多的是解释"分配"一词在日常生产生活与经济学上的用途与安排，因此不能让我释然，无法从中获得数学的启示。目光下移，我发现百度词典又将"分配"一词作分字理解——分：分区划开，分开，划分，分解；配：两性结合、配合，用适当的标准加以调和。

我眼前一亮，这与我此前思考时把"分配"不作为一个完整的词而是分而理解为"分"与"配"有些吻合，再重读品味——"分"意味着分开，"配"意味着结合，心中突然有了想法，于是就产生了乘法分配律的授课新思路。

教学的智慧不会无缘无故就能生成，它一定是在研讨、思考中慢慢生发的。在教学实践中，教师应该注意以下两点：

一、重视教研组的研修讨论

教研组是每一位教师工作、学习的地方，经常的交流、讨论、互相学习，使教研组成为促进教师专业成长的地方，也是让教师获得归属感的地方。

"自我反思，同伴互助，问题驱动"，是教研组活动的特点。教师的日常教学中所遇到的问题、备课时遇到的问题等等，都会成为教研组研修活动的一个个主题与契机。因为教研组的讨论研修常态且形式不拘，所以很多时候，教师们可能会忽略在办公室、在教研组中进行研讨时一个又一个鲜活的瞬间，但正是这些鲜活的瞬间，这些交流、讨论所碰撞出来的教学智慧的火花，能够促进教师的思考，拓宽教师的视野，提升教师日常教学工作的品质。

二、注重教师个人的独立思考

教研组的研讨是集体活动，是集体智慧的交融，其中，教师个人的独立思考很重要。如何看待他人的观点，如何辨析其中的正误，如何汲取有益的建议，这些都需要教师个人的慎思。

就这节课而言，虽然提供的学习素材很简单，也没有复杂的教学设计，但是通过深入挖掘，让孩子充分经历了乘法分配律建模的过程，从而让学生领悟了乘法分配律的数学内涵与知识本质，体会到了数学的魅力。数学课堂是儿童智慧生成与思维发展的主阵地，教师如何立足与把握好课堂，是值得我们不断琢磨与思考的。

我想，一名出色的、有思想的数学教师理应是一名沉静善思的教师，站在儿童成长的角度来反复考量数学知识的内在理性本质，通过深入的挖掘与叩问来呈现数学知识的特有理性价值与文化，从而培养儿童的数学素养。

5. 历史视野：另辟蹊径认识小数

教学实施

"这里的 3 不满一，所以不能写在个位上"

教学内容： 苏教版五年级上册第 30—31 页。

教学目标：

（1）在创造新的计数单位与数位的过程中深入理解小数的意义。

（2）感悟整数向分数、小数扩展的过程。

（3）培养良好的学习习惯，提高学生的探究、推理能力。

教学重点： 在创造十分之一、百分之一等计数单位的过程中理解小数的意义。

教学难点： 创造小数部分的计数单位，以及单位所表达的意义。

教学过程：

师：说到数，张老师不由得想到一个词，谁愿意来读一下这个词？

生：数数（shǔshù）。

师：从小咱们就会数数，谁愿意数一下？

生：1、2、3、4、5、6、7、8、9、10、11、12、13、14、15……

师：小伙子还真认真地一个个往下数，你怎么不数啦？

生：（继续）16、17……

师：哈哈，行，有同学要给你建议。

生：数字永远数不完呀。

师：数不完，咱们可以用一个符号——

生：省略号。

师：嗯，用省略号来表示有很多，刚才他数的都是什么数啊？

生：整数。

师：还能数出别的数吗？

生：100、200、300、400……

生：我想告诉这位同学，你数的依然是整数。

师：就是啊，不要以为数100、200，水平就高了，100、200还是整数啊。

生：我数的是，1.1、1.2、1.3、1.4。

师：要不要加省略号？

生：要。

师：还是数不完，不过这回数的不一样了，他数的是什么？

生：小数。

师：还会数别的数吗？

生：我还会数 $\frac{1}{2}$、$\frac{2}{2}$、$\frac{1}{3}$、$\frac{2}{3}$。

师：什么数？

生：分数。

师：瞧，数就是这么数着数着产生了。那咱们今天研究的是——

生：（齐）小数。

师：这是我们再一次研究小数，看看它和整数、分数都有些什么联系。

师：（出示图5-1）谁来读一读？

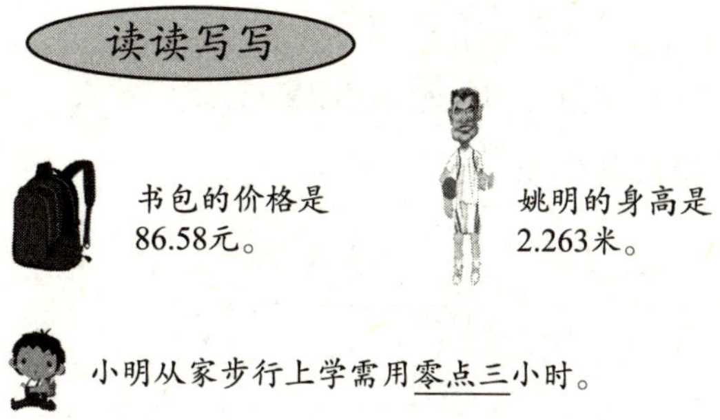

读读写写

书包的价格是
86.58元。

姚明的身高是
2.263米。

小明从家步行上学需用**零点三**小时。

图 5-1

生：一个书包的价格是八十六点五八元。

生：姚明的身高是二点二百六十三米。

师：哇，这个人得多高啊！二百六十三米！谁有建议？

生：姚明的身高是二点二六三米。

师：那干吗不读成二点二百六十三米啊？

生：我认为小数点后面的不满这个计数单位，因此要一个一个数字地读，不要几百几十地读。

师：回答得很好啊，还有补充吗？

生：如果小数点后面读成几百几十的话，那小数点前面的那个2就应该读成二千了。

师：有点意思啊，如果把小数点后面的那个2读成二百的话，就会和前面的混淆了，这可不行的。你再来读一遍。

生：二点二六三米。

师：咱们一起读一下。

生：（齐）二点二六三米。

师：会读还得会写。请大家看这里的第三句话。不过我给大家稍微提高些难度。（出示整数部分计数单位表）我要求大家对照着这张计数单位表来写。

千	百	十	个

（生书写）

师：写好的孩子把作业单拿到前面来展示。

（展示不同情况的作业）

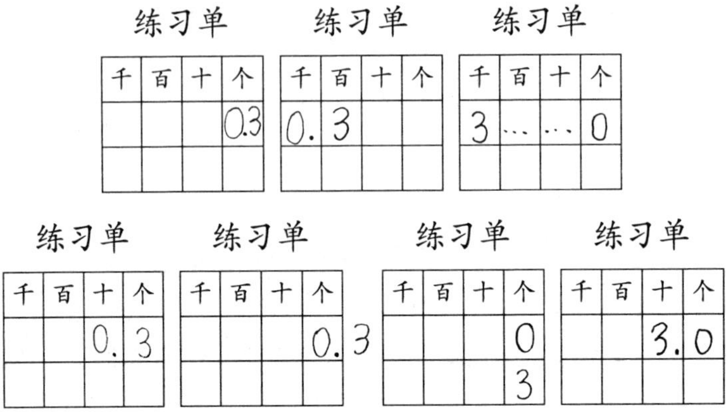

图 5-2

师：孩子们，如果我仅仅让大家写 0.3，我看人家都会，但是照着这个表格写，大家疑惑了。0.3 肯定只有一种写法，到底怎么写？哪些作业有问题？四人小组讨论一下。

生：我首先想排除第七个，都写成了 3.0 了。

生：我觉得先排除第六个，因为他都分成两行写了，不是一个完整的数。

师：哦，对这份作业，你能读懂他怎么会这么写的？

生：我觉得他是想 0 得放在个位，3 没地方去了，只好往下写，下面就是小数的。

师：有些道理，但能这么写吗？

生：不行。

生：我觉得应该还要排除第三个，因为他把 3 写在千位上了，就相当于三千了。

师：3 到千位上肯定不对，那就把 3 放到个位上啊，喏，你看第一个，0 和 3 大家都挤到个位，不就行了吗？

生：我觉得这是不行的，因为 0 和 3 不是一个单位的，所以应该不在一个格子里。

生：我给他补充，这里的 3 不满一，所以不能写在个位上。

师："个"可是咱们以前学到的最小单位啊。

生：我想说，应该有比"个"更小的一个单位。

师：看着表格，大家说 3 得往哪儿写呢？

生：我觉得应该写在"个"这个格子的后面。

师：大家都有这个感悟吧，看，6 号作业的孩子写的时候非得想着把 3 往别的地方写，但是有点胆小，不太敢出格，所以他就往下写。讨论到这会儿，大家看看，同意几号作业？

生：（齐）5 号。

师：现在问题又来了，这种写法，3 表示什么意思啊？

生：我觉得"个"后面的计数单位没有写出来。

师：非常好，那个计数单位是谁呢？

生：我觉得应该是小数，哦不对，小数不叫计数单位了。

【设计意图】在孩子的旧知中，"个"是最小的计数单位，同时教师所出示的计数单位表也只到"个"这个单位，这让学生在对照计数单位表书写小数的过程中形成认知冲突。

师：让我们的目光回望到熟悉的数位顺序表，通过数位表来研究这个问题。（出示数位顺序表的整数部分，包括计数单位。）

一、以从右往左的顺序认识

师：如果老师请大家按从右往左的顺序来观察（出示向左箭头），能发现相邻的计数单位之间是什么关系呢？

生：我发现每次都乘 10。

师：对。孩子们有没有考虑过，人们为什么需要那么多的计数单位？

（生有些迷惑）

生：（尝试回答）是不是我们会遇到数目比较大的情况？

师：让我们带着这个问题深入研究。

师：（出示计数单位"个" □）这是我们熟悉的单位"个"，用它去计数这些方片，有什么感受？

生：一个一个数，比较麻烦。

师：看来"个"这个计数单位有些不够用了，那怎么办呢？

生：需要有一个更大一些的单位，我想到的是"十"。

师：（出示计数单位"十" ▊）这个"十"与"个"是怎么样的关系？

生："十"是"个"的 10 倍。

生："个"乘 10 就是"十"。

生：10 个"一"就是"十"。

师：（出示很多个方片）这会儿大家看看该怎么办呢？

生：哇，现在得要新的计数单位"百"。（师随即出示 ▦ ）

师：那"百"和"十"又是什么关系？

生："十"乘 10 就是"百"。

生：十个"十"就是"百"。

师：好，孩子们，大家展开思维的翅膀来想一想，随着个数的不断增多，我们所需要的计数单位得怎样？但这些计数单位之间有个共同的关系，那就是——

生：每次乘 10，"满十进一"。

二、以从左往右的顺序认识

师：这是我们已经明白了的旧知。为了更深入地理解我们的旧知，让我们换个角度，按从左往右的顺序来观察（出示向右箭头），大家能发现相邻的计数单位之间是什么关系呢？

生：（抢着答）减十缩一。

师：（笑）可没有这个词。

生：（踊跃地）每次都除以10。

师：这又该如何理解呢？

（生疑惑，不知如何回答。）

师：（出示较少方片）如果我用计数单位"百"来计量这里的个数，会有什么问题？

生：这个单位太大了。

生：用这个单位去计数不合理。

生：用单位"十"去计数要合理些。

师：哦，那"十"这个单位与"百"是什么关系？

生：是百的10倍。

生：不对，"十"是"百"除以10。

师：对，还可以怎样说？

（生迷惑，师播出将"百"平均分成十份，取其中一份的动画片段。）

师：谁再来说说计数单位"十"与"百"的关系。

生：（顿悟）"十"是"百"的十分之一。

（师板书：十分之一）

师：为什么啊？

生：老师你看，我们把"百"平均分成十份，"十"是其中的一份。

师：真棒，把掌声送给他。

（"十"计数后，还剩若干方片。）

师：这会儿还用单位"十"去计量，有什么问题？

生：没有那么多了，用"个"。

师：这个单位与"十"又是什么关系？

生："十"除以10。

生：个是"十"的十分之一。

（"个"计数后，还剩若干不足一的图片。）

师：孩子们，到这会儿，已经是我们原来知识的极限了，但还没有完呢，这儿零零碎碎还有一些，这会儿计数单位"个"还能计数吗？

生："个"不能再去计了，因为这里的一些图形都比"个"来得小。

师：明白了，看来"个"不是最小的单位，我们急需创造出一个新的计数单位来解决当前的问题。这个单位是什么呢？人们又是怎么创造得到的呢？请同学们小组讨论。

（生讨论，汇报交流。）

生：我们组讨论，应该用"个"去除以10。

（师板书：$1 \div 10$）

生：我们组认为，应该把"个"平均分成10份，再取其中的一份。

师：哦，那么这个单位该是多大啊？

生：我觉得是十分之一。

师：为什么？

生：把"一"平均分成十份，其中的一份就是十分之一。

（师板书：$1 \div 10 = \frac{1}{10}$，出示"十分之一"贴到黑板上原先的计数单位表右侧）

师：请大家把掌声送给他。

师：这会儿再来看一开始写的0.3，大家认为应该把3写在哪里？

生：（齐）写在十分之一下面。

生：我补充，要对齐十分之一来写。

师：这时，"3"表示什么？

生：表示3个十分之一。

师：孩子们，你们创造的这个计数单位非常宝贵，这也正是人类计数历史上的关键一步。到这会儿，大家根据前面给数位取名的办法也给它取个数位名吧。

生：小数位。

师：（笑）孩子们，大家对于新知的模糊是因为对旧知理解得不够深刻。大家看，计数单位"百"在哪一位？（生：百位。）"十"呢？（生：十位。）"个"呢？（生：个位。）那大家说说计数单位"十分之一"所在的数位应该是？（生：十分之一位。）

（师不动声色地出示：十分位）

（生笑）

师：孩子们，十分之一是最小的单位了吗？

生：不对不对，还有百分之一、千分之一、万分之一。

（师随之出示）

师：好了，孩子们，说得完吗？

生：（齐）说不完。

师：那就用省略号来表示。正是通过不断的细分，不断创造计数单位，整数就向着分数、小数无限扩展。

【设计意图】从右到左、从左到右分两次探查计数单位表，让学生深入认识并获取满十进一、退一当十的"十进"思想精髓。以重构的方式再现历史上计数单位原型创造与突破的关键时机，让学生从中获取关于数本质的新认识。

师：孩子们，到这会儿让我们再回看计数单位表，正是通过两次探寻计数单位顺序表，厘清了各个单位之间的脉络，大家说说相邻的计数单位之间有着怎样内在的联系？

生：（齐）满十进一。

师：嗯，你是从右往左看的。

生：从左往右看就是每次除以 10。

师：对啊，我们把计数单位之间具有这种联系的计数方法叫作十进制记数法。

师：孩子们，我们已经知道了小数部分"十分之一""百分之一""千分之一"这些单位，那大家想不想看看这些计数单位在数学上都长什么模样？

生：好啊好啊。

师：（出示 ）如果把这看作是"一"，那么，"十分之一"长什么样？

生：把它平均分成 10 份，表示其中的一份。

师：（出示 ）那"百分之一"又长什么样？

生：再平均分成 10 份，表示其中的一份。

生：把"一"平均分成 100 份，表示其中的一份。

（师出示 ）

师：好，根据这些模样，（出示图 5-3）这会儿大家想到的是哪个小数？

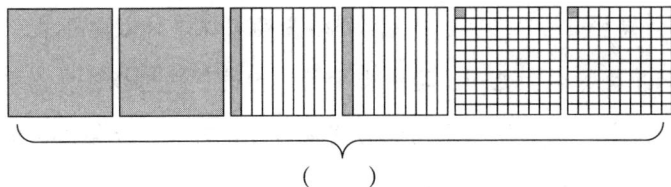

(　　)

图 5-3

生：我想到 2.22，因为这里有 2 个一、2 个十分之一、2 个百分之一。

师：非常好，（出示图 5-4）那这个呢？

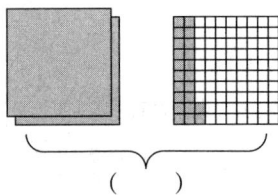

(　　)

图 5-4

生：（稍顿片刻）还是 2.22。

师：怎么还是 2.22？不是两幅图不一样吗？

生：我可以上台来说吗？

师：好啊。

生：（上台指着图 5-4）其实，这里的 2 个"一"就是上面的图中（指着图 5-3）两个方块合在一起，这里 22 个"百分之一"就是将上面的图中的四个图形合在一起得到的。

师：你看出下面的图就是将上面的图合并起来，很好。但老师有个疑问，我眼里只看到计数单位"一"和"百分之一"的形状，没有看到"十分之一"，怎么会在十分位上也有个"2"呢？

生：（上台指着图）老师你看，这里的一列，里面有 10 个"百分之一"，其实就合并成一个"十分之一"了。

师：太好了。10 个"百分之一"就是一个"十分之一"。原来我们所熟知的"满十进一"在小数部分也是通用的。（出示图 5-5）

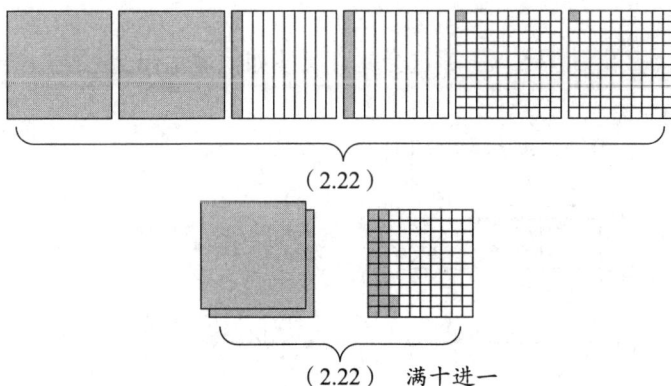

（2.22）

（2.22）　满十进一

图 5-5

师：数学中计数单位除了长成这个样子，还可以长成另外的样子，大家再看。

师：（出示 ⌐↑(一)⌐ ）如果把这看作是"一"，那么，"十分之一"长什么样啊?

生:(做着切分的动作)把它平均分成10份,表示其中的一份。

师:(出示 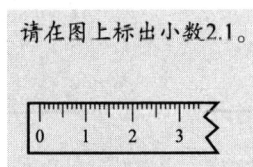)那"百分之一"又长什么样?

生:还是再把十分之一平均分成10份,表示其中的一份。

生:哇,那该多小啊。

生:也可以把"一"平均分成100份,表示其中的一份。

师:好了,孩子们,大家对于长成这个模样的单位也有了很好的感悟,那么来看题。(出示图5-6)

(生上台指出2.1所在的位置,师出示图5-7。)

图5-6   图5-7

师:(又出示图5-8)那这会儿,又该如何表示出2.1?

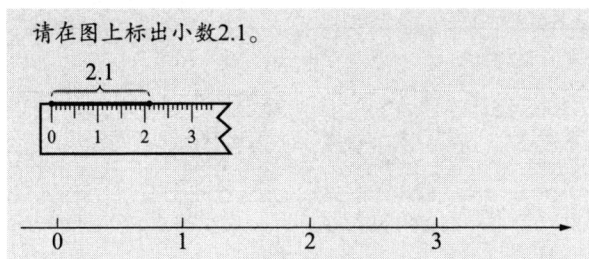

图5-8

(生上台指到数轴的位置)

师:你这一指比较随意,能不能用自己的话来表达出2.1所在的确切位置?

生:把2和3之间的线段平均分成10份,2.1就在第一个点的位置。

（师随之出示图5-9）

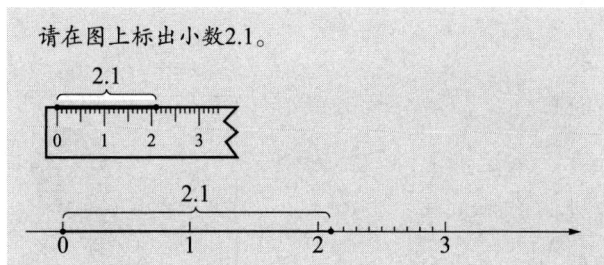

图 5-9

师：大家对这两个2.1有什么疑问吗？

（生窃窃私语）

生：老师，我想为什么同样的2.1，怎么上面一条短，下面一条长？

师：好，你很有质疑精神。谁能回答他的问题？

（生讨论）

生：这里0到1的长度不一样。我可以举个例子来说明，比如把一个苹果平均分成2份和把一个大西瓜平均分成2份，其中的每一份大小是不一样的。

师：你的比喻太棒了，你说的苹果与西瓜就是一个单位。同样是2.1，但是上面尺子上"1"的长度和下面数轴上"1"的长度是不同的，所以"十分之一"也就不一样。这就是认识单位必须注意的。

【设计意图】通过变换"1"的模型，用几何直观的方式让孩子加深对新的计数单位十分之一、百分之一的认识。计数单位的概念将会以一种鲜明的形式印入学生脑海。

师：学到这会儿，大家对小数还有什么疑问吗？

（生齐摇头）

师：我倒是有一个问题，孩子们，既然有了分数，那干吗还要创造和分数意义一样的小数啊?

生: 可能是小数简单。

师:(出示图5-10)大家看图中这个人摔到哪里去啦?

生: 分数。

师: 古时候, 人们对分数运算深感头痛。公元7世纪, 俄国数学家阿拉尼在《算术习题集》中, 给出八个分数相加的题目, 被认为是当时知识的最高水平。至今, 德语中还有这样的俗语, 当形容一个人陷入绝境时, 就会说他"掉进分数里去了"。嘿, 其实他不是真的摔到分数里去了, 而是说这个人遇上麻烦了。

图5-10

 **教学反思**

解析小数意义的新视野

时隔两年, 再次执教《小数的意义》。这是一次和自己的同课异构。

两年前的南通市名师培养梯队会课, 我执教《小数的意义》一课, 按苏教版教材内容的编排, 以计量单位的换算入手, 用数轴建模, 让孩子感悟小数与分数之间"本质不变, 形态不同"的联系, 从而认识小数的意义。(参见拙文《彰显学习内容的文化意义与理性价值》,《教育研究与评论》2014年第8期)

再次执教, 两年来对小学数学智慧课堂的追求与思考, 让我对《小数的意义》一课已不满足于此前对这一素材的理解与解读, 不禁油然心生异构之意。原先的执教依托教材体例，这样的教学虽然起点低，便于让学生在课堂中发现与建构，但学生发现的只是小数和分数形式上的联系，没有体会到两者间内在的本质联系，更不会体会到人类创造小数更为深远的价值。此番异构，需突破教材体例所形成的解读定势与自己曾经对小数意义的教学理解与建构。全新的重构需要另辟蹊径的角度与超越教材和自身的视野，而这也成为此次异构的最大挑战。

小数作为在人类计数历史上重要而关键的一项内容，凝聚着人类的创造精神与智慧精华，如果教学仅停留于小数的认知、计量的换算、生活的应用，则这一"好吃又有营养"的数学"美食"的价值一定是打了折扣的。

一、十进制思想的启示

翻看各种版本的小学数学教材，几乎所有的教科书，都是通过计量单位的换算来引导学生体会小数与分数的关系。在计量单位的换算中，将分数写成小数，从而得出小数的意义并认识与学习小数的计数单位，苏教版亦如此。

苏教版教材五年级上册《小数的意义》一课是孩子再一次认识小数，第一次接触小数是在三年级下册，在学习了分数初步认识的基础上通过实际生活中的计量需求来认识小数。既然是孩子在小学阶段中再次认识小数，那么可否不再通过生活情境，不再通过计量单位的换算来引入，而是纯粹通过孩子所已知的整数计数单位之间十进制的关系，通过推理的力量来突破整数，从而创造小数部分的计数单位？这是我对小数再认识的第一点思考。

这样的视角让课堂着眼于数学学科所特有的内在逻辑推理，让孩子从旧知出发，通过数学的逻辑思考与演绎推理得出新知，充分体现数学学科应有的推理特质，并展现演绎思维从已知到未知的探索过程，让孩子真正感受到思维的快乐，在这其中，计数单位之间的十进制思想是一条清晰而敞亮的主线。

数系的发展历经几千年，其间也曾出现过以古罗马数字为代表的五进制、以玛雅数字为代表的二十进制、巴比伦的六十进制（中国的天干地支也是六十进制）等，但最终印度—阿拉伯记数法即十进制记数法的思想得到广泛运用。究其原因，是因为十进制记数法具有简洁、方便、便于比较的优势。将 0 至 9 这十个数字符号以及"左移乘十""右移缩十"的规则结合使用，使人类的计数从有限达成无限，并且，十分重要的就是这样的规则使得"数系"从整数向小数的扩展成为可能，而其中"左移乘十""右移缩十"的"位值"原则是人类文明发展史上重要的思想高峰。

数学大师吴文俊曾对此作过高度评价："位值制的数字表示方法极其简单，因而也掩盖了它的伟大业绩。它的重要作用与重要意义，非但为一般人们所不了解，甚至众多数学专家对它的重要性也熟视无睹。……这一发明对人类文化贡献之巨，纵然不能与火的发明相比，至少是可与文化史上我国的四大发明相媲美的。"

通过"左移乘十"获得更大的计数单位，而"右移缩十"也就能得到更小的单位，并能够突破整数的认识局限与思想桎梏，从而创造出新的不满"一"的单位，这不满"一"的计数单位的得出完全可以通过各计数单位之间十进规则这一内在联系，利用逻辑的力量演绎得出，而这样的推理思想不也就是这节课所要呈现给孩子们的宝贵营养吗？如此，课堂所关注的计数单位的创造脉络即慢慢清晰起来。

课堂上，我设计了通过从右往左和从左往右的顺序分两次考察计数单位顺序表，让孩子领悟相邻的两个计数单位之间从右往左的满十进一，也就是"左移乘十"，以及从左往右每次除以十，也就是"右移缩十"，并按此逻辑思想的推理之下，通过演绎推理突破整数的局限，将计数单位从"个"扩展到"十分之一"，并顺次创造出"百分之一""千分之一""万分之一"等，在创造计数单位的过程中，领悟数从整数形态向小数形态的扩展，并体会到单位之间所独具的十进联系，从而更透彻地理解十进制的思想精髓。

二、通过直观与抽象的交互去建模新的单位

纵观数系发展的脉络，数的产生与数系的扩展都是以"计数单位"的扩展为基础的。从最早的实物对应、结绳刻痕来计量猎物或物体从而产生单位"一"，并以此逐渐产生十、百、千等计数单位。渐渐地，在分猎物、量物体的过程中，人类发现很多时候不够用"一"来表示，则慢慢产生几分之一及分数的思想，随后逐渐产生小数的思想及小数部分的计数单位。人类所有激动人心、波澜壮阔的数系扩张都是以计数单位的扩展为根本。所以让孩子充分认识"计数单位"，紧扣"单位"来做文章就成为我备课时的第二个思考点。

认知心理学认为，儿童的思维特点是以具体形象思维为主，他们的思维往往离不开事物的具体形象。儿童形成概念的过程需要有形象的实物、素材作为定义形成过程中的支撑。这也是我两年前通过创设孩子熟悉的生活情境，从具象素材中逐渐抽象构建《小数的意义》一课的理论依据。再次重构，心理学依据依然，但我思考的则是如何在抽象的定义与直观的模型的交互中来建构清晰的概念。

此次课堂摒弃了教材所倡导的在生活实际与情境中构建小数，没有通过计量单位之间的换算来产生新的计数单位，而是通过计数单位之间的十进制关系，利用逻辑推理的力量创造新单位。在这节课中，孩子首先进行了抽象化的概念认识，然后通过演绎推理进行创造，产生出新单位，但对于儿童，如果是纯粹通过推理形成抽象的计数单位，那将不利于他们真正内化形成关于计数单位的概念，儿童理解概念必须基于直观，在直观与抽象的交互作用中，让孩子形成鲜明、准确的概念。所以我在本课的教学过程中，在学生感受到"十分之一""百分之一""千分之一"等计数单位抽象概念的基础上，通过直观图形促进孩子对于计数单位的模型建构，同时通过模型的变式，让孩子充分认识与感受计数单位的意义。

三、在文化价值的感悟中认识小数的意义

如果说人类文明的发展历程是一条绵延不绝的长河，那么今天滋养我们的文化河水都是从上游流淌过来的，漫流而来的精神文化都携带着水源地的气息，文化河水流经千年，或扩充、或积淀、或更正流向，这样的气息、这样的积淀过程正是我们今天精神文化发展的资源。数的学习也是如此。

关于小数的意义这个课题，有学生曾经问我：人类已经用分数来表示有零头的数，为什么还要创造小数？

思考和回答这个问题，是有价值的。的确，作为数系家族中的重要两员，分数与小数历经几千年的发展沉淀至今，都有其独特的存在价值，那么小数的文化价值在哪里？是否只是形式的简单？如果只是为了形式的简单而创造出小数，那又该如何解释诸如 $\frac{1}{7}$ 这般简洁的分数所对应着的小数的繁杂？

数作为描述量及其关系的语言，在历史的发展进程中曾经经历了漫长的发展历程，十进制记数法逐渐被历史选择并在世界通用且沿用至今，除了因为其简洁方便，容易比较，还有一个优势是便于计算。历史上尤其是古代欧洲，人们一直视分数的运算为难题。公元 7 世纪，俄国数学家阿那尼在《算术习题集》中给出八个分数相加的题目，在当时就被认为是非常了不得的知识水平了，至今，在德语中还保留着"掉进分数里去了"的俗语，用来形容一个人陷入绝境时的情况。因此，在数系扩张的过程中，人们努力创造对于较大数运算的程序性操作方法，同时，也努力地创造着对于非整数运算的程序性操作方法。十进制记数法能突破整数扩展到小数的重要思想，把同样的数字符号放在不同的位置上，表示不同的值的"位值"原则，让满十进一、借一当十这样的程序化运算成为可能，非整数的运算就如同整数运算一样，只需要做到"相同数位对齐"就可以进行程序化的运算了。

拉普拉斯曾这样说，"用十个记号来表示一切的数，每个记号不但有绝对的值，而且有位置的值，这种巧妙的方法出自印度。这是一个深远而又重要的思想，它今天看来如此简单，以至我们忽视了它的真正伟绩。但恰恰是它的简单性以及对一切计算都提供了极大的方便，才使我们的算术在一切有用的发明中列在首位"。

在本节课中，我采用适当的例子，通过将分数计算的繁杂与小数计算的简单进行比较，将历史发展过程中古人的所遇、所思、所创呈现给当下课堂中的儿童，让孩子自然感悟到小数的文化价值与历史意义，如此，孩子就会理解美国数学家卡约里在回望历史后所发出的感叹：现代计算方法之所以有着奇迹般的力量，是由十二个发明，即十进制计数法、小数和对数。

从数学史的角度去发现与重构小数的意义，并不是教学设计的噱头，而是开掘了一条理解小数意义的新路径，让学生更深刻地理解了小数的意义、把握了小数的价值。正如江苏省特级教师蔡宏圣所言："数学史就其本质而言是人类数学思想的发展史，而数学教育的高境界是数学思想的感悟和熏陶，因而，数学教育无疑能从数学史中汲取更丰富的养分，数学史也完全能够促使数学教育变得更加丰富和深刻。"

数学史为儿童认识小数敞开一扇别样的天窗，通过这扇天窗，不只是欣赏到生活近处熟悉的美景，更可以让他们眺望到数学思想发展长河中闪耀着的粼粼波光，眺望到更为深邃幽远的数学星空，领略更为深远的风景。

6.辨析推敲：从读表、制表走向数据分析

教学实施

"四张表格有些乱，不方便计算"

教学内容：苏教版五年级上册第84—85页。

教学目标：

（1）在数学活动中不断深化对复式统计表的认识。从单式统计表走向复式统计表的需要中，感悟复式统计表的优点。

（2）注重数据分析，进一步理解统计方法，发展统计观念。

教学重点：单式统计表合并为复式统计表的过程。

教学难点：复式统计表中分析数据的能力。

教学过程：

一、展现情境，引出问题

师：生活中，总是会遇到一些事物需要大家来耐心地捋一捋。（出示课件，如图6-1）仔细看一看，你从屏幕中知道了什么信息？

青云小学五年级组织了四个兴趣组

古筝组人数统计表

2014年10月

性别	合计	男	女
人数	28	7	21

葫芦丝组人数统计表

2014年10月

性别	合计	男	女
人数	27	17	10

笛子组人数统计表

2014年10月

性别	合计	男	女
人数	22	16	6

小提琴组人数统计表

2014年10月

性别	合计	男	女
人数	30	14	16

图 6-1

生：我看到古筝组有男生 7 人、女生 21 人，合计 28 人。

生：我看到笛子组有男生 16 人、女生 6 人，合计 22 人。

师：还有另外两组，看的方法是一样的。看看这四张表格，有什么共同点？又有什么不同点呢？

生：统计表的样子相同，都是统计男、女生人数，都有合计。不同点，我看到统计的小组名称不同。

生：我来补充，还有不同，就是每张表格里的人数不一样。

师：同学们观察得仔细，很好。大家都看懂了这四张表格。但有些问题是单张表格无法解决的，现在张老师要提高难度，根据这四张表格，大家能不能一下子就获得以下的信息？（板书：总人数几人？男生多还是女生多？）

（生静坐着，没有人发言。）

师：为什么大家都不举手，张老师的问题很难吗？

生：问题不难，就是我得从这些表格中进行计算。

师：感觉这四张表格的统计方法有什么不足？

生：四张表格有些乱，不方便计算。

师：这样的统计让信息很分散（板书：信息分散），对不同组别进行比较就显得很不方便了。那大家有什么办法来解决这种不方便的问题呢？

生：我觉得应该把这四张表合并起来。

【设计意图】对于一项事物的认识，切身体验要远远优于教师说教，在感悟旧事物的局限中产生进一步学习的欲求与渴望，如此，学习才会真正发生。正如孔子所说：不愤不启，不悱不发。

二、突破单式，走向复式

师：行啊，合并是一种好方法。课前老师给大家下发了这四张表格，同桌两人做做看。

（生开始动手合并四张单式表格）

师：有些同学举手了，谁愿意上台展示给同学们看是如何合并的？

生：（到实物展台上展示）我把这四张表格进行上下对叠，同学们看（如图6-2）。

性别	合计	男	女
人数	28	7	21
性别	合计	男	女
人数	27	17	10
性别	合计	男	女
人数	22	16	6
性别	合计	男	女
人数	30	14	16

图6-2

师：有合并了，大家看看能不能再有所改进，更为精简些？

生：我觉得可以更加简单些，可以把下面的几行"性别、合计、
男、女"栏目也去掉（如图 6-3）。

性别	合计	男	女
人数	28	7	21
人数	27	17	10
人数	22	16	6
人数	30	14	16

图 6-3

师：大家觉得这张表格简洁了吧？

（生点头）

师：那我来问问大家，表中的两个 16 都表示怎样的信息呢？

（生面面相觑，有些同学去找原来的表格了。）

师：看得出大家拿这张表格来说这些数字的意义时很不方便，这是
为什么呢？

生：我们不知道 16 对应哪个组。

师：那可以怎么改进？

生：把前面的人数改成组别。

师：（出示课件，如图 6-4）你的意思是这样改吗？这会儿，表格中
两个 16 分别表示怎样的信息？

性别	合计	男	女
古筝组	28	7	21
葫芦丝组	27	17	10
笛子组	22	16	6
小提琴组	30	14	16

图 6-4

生：分别表示笛子组男生有 16 人，小提琴组女生有 16 人。

师：能告诉大家你是怎么看的吗？

生：（指向屏幕）16 所在的那一行表示笛子组的人数，那一列表示男生，所以对应起来看就表示笛子组的男生人数。

师：非常好。（板书：对应）

师：大家再审视下表格，还有哪里觉得别扭需要完善的？

（学生仔细观察表格，慢慢有学生举手了。）

生：老师，我觉得"性别"这一栏不太对劲。

师：噢，为什么呢？

生：因为性别那一栏的内容说的是组别。

师：但你看，那一行确实说的是"男、女"性别啊。

生：我也觉得这一格很别扭，应该改成组别才是。

师：（笑）但这里也有性别呢，改成组别的话，"性别"一栏不也有意见吗？

生：老师，我想来改一下，我觉得应该把这一栏分开来。

师：（出示课件中的圆珠笔功能）这里有一支笔，你直接改吧。

（生用画笔在"性别"栏中画出一条斜线）

师：请同学们用掌声感谢他的想法。虽然线条有些歪歪扭扭，但他的想法我们能读懂。你是怎样想到的？

生：因为这一格既要表示性别，又要表示组别，所以我想把这一格分成两部分，一部分对应着"性别"栏目，一部分对应着"组别"栏目。

师：非常好，为了让大家看清楚，我再整理下（出示课件，如图 6-5）。

师：这个格子很重要，我们可以称它为"表头"（板书：表头），现在"表头"的几个部分分别与统计表中的哪部分有关系呢？

生："性别"表示横着的"男、女"栏内容；"组别"表示竖着的各个小组；"人数"表示表中数据。

师：瞧瞧，"表头"统帅着整张表格，地位可重要了，以后大家遇

人数\性别 组别	合计	男	女
古筝组	28	7	21
葫芦丝组	27	17	10
笛子组	22	16	6
小提琴组	30	14	16

图 6-5

到这样的表格首先应该看"表头"。（出示顺口溜）

　　大表头，大表头，

　　统帅全表火车头，

　　读表先审大表头，

　　整表信息全不漏。

　　师：同学们，经过大家的共同探讨，一张新颖别致的统计表展现在大家的面前了。很多数据一眼就比较出来了。那这张表格完整了吗？

　　生：不完整，还得加上标题。

　　师：是的，我们用这张表格统计了什么，得写清标题。写好标题，表格完整了吗？

　　（生观察，认为表格已制作完整。）

　　师：咱们看黑板上一开始要解决的两个问题，你能一眼看出男生总人数吗？女生呢？

　　生：不行，表格中没有这个信息。

　　师：那怎么能说统计表完整了呢？说说看可以怎样加工？

　　生：我们可以在表格上加入"总计"这一栏。

　　（师出示课件，如图 6-6。）

　　师：这张表格有着怎样的优点？如果把原来我们认识的表格称为单式统计表，那么这张新颖的统计表就叫作——

青云小学五年级兴趣小组活动人数统计表

2014.10

人数／人 性别 组别	合计	男	女
总计	107	54	53
古筝组	28	7	21
葫芦丝组	27	17	10
笛子组	22	16	6
小提琴组	30	14	16

图6-6

生：（齐）复式统计表。

【设计意图】通过操作、体验、思考，在不断修正统计表结构的过程中，学生充分参与、积极思考，逐步认识了复式统计表，对复式统计表的结构也了然于胸，同时积累了基本活动经验。

三、巩固练习，拓展延伸

师：复式统计表大家都能看得懂了，对于同样的统计内容，如果张老师把表格样式变一变，大家还能看得懂吗？（出示课件，如图6-7）

青云小学五年级兴趣小组活动人数统计表

2014.10

人数／人 组别 性别	合计	古筝组	葫芦丝组	笛子组	小提琴组
总计	107	28	27	22	30
男	54	7	17	16	14
女	53	21	10	6	16

图6-7

师：各兴趣小组的男生、女生、总人数分别是多少？怎么看的？

师：（出示课件，如图 6-8）请大家花些时间把作业单中的这一张表格填完。

实验小学图书馆少儿书籍借阅情况统计表（1）

2013.11

本数 /本 类别	年级 合计	一、二年级	三、四年级	五、六年级
总计	173		51	79
绘图本	45	23		
文学书	80			48
科普书		8	16	

图 6-8

（生填写表格）

师：我看到有些同学填得比较快，有些同学填得比较慢，我想问一下，快的同学有什么窍门？慢的同学遇到什么问题？

生：老师，"文学书"一栏有两个空格，我不知道该怎么填。

师：要不你请哪位同学帮帮你？

生：请曹磊帮助我一下。

生："文学书"一栏有两个空格，所以直接填写是有困难的，我们应该先找出能够填写的栏目先填。

师：你来详细说说。

生：大家看，"总计"那一栏，我们可以看出，173 是后三栏的和，又知道三、四年级 51 本，五、六年级 79 本，我们就能算出一、二年级的本数是 173-51-79，等于 43 本。同样，"合计"那一栏，173 本是"绘图本""文学书""科普书"三栏的总和，我们就可以通过 173-45-

80，算出科普书的本数是 48 本。

师：嗯。曹磊看懂了表格的样式，知道 173 表示的意义，然后根据表格中各数据间的关系，一下子求出两个空栏的数据，在她的启示下，同学们能不能把剩余的栏目填写完整？

（集体校对表格中的数据）

师：（出示课件，如图 6-9）现在，张老师把表格改一改，和刚才的统计表有什么不同？

实验小学图书馆少儿书籍借阅情况统计表（1）

2013.11

本数　日期　/本　类别	合计	5日	6日	7日
总计				
绘图本		10	16	2
文学书		11	12	15
科普书		9	14	8

图 6-9

生：刚才表格中是各个年级的借书量，现在是各个不同的日期。

师：你观察得很仔细，还有其他的不同吗？

生：刚才我们知道总计，合计有多少本书，求中间的栏目。这张表格是知道中间栏目，要求总计、合计有多少本书。

师：嗯，你更关注表格的数据。那请大家花些时间把表格填完。

师：我看到好多同学已经举手了，张老师只要检查一个数据，就大体能知道你们填得对不对，你们认为是哪个数据？

生：（大声）"总计合计"栏。

师：对啊，老师要考查的就是这个，为什么大家认为考查这一格的数据就大体知道是否准确？

生：因为有的同学是横着算出"总计合计"这一栏的。

师：你的意思是通过 5、6、7 日的总计，来算出最终的"总计合计"栏。

生：（继续）是的，也有同学是竖着，通过计算绘图本、文学书、科普书来算出最终的"总计合计"。

师：哦，我明白了，你的意思就是不同的同学通过不同的数据间的关系来求出同一栏的结果，如果结果一致，那就说明——

生：计算是正确的。

师：那如果结果不同，就意味着——

生：我们中间肯定有人做错了，需要检查重新计算。

师：真是一个非常棒的方法。

师：（出示课件，如图 6-10）会填出表格中的数据不是真本领，如果大家能从这一组冷冰冰的数据中有所发现，那才是真本领。

实验小学图书馆少儿书籍借阅情况统计表（1）

2013.11

本数／本 日期 类别	合计	5日	6日	7日
总计	97	30	42	25
绘图本	28	10	16	2
文学书	38	11	12	15
科普书	31	9	14	8

图 6-10

（生讨论）

师：有没有谁愿意和大家交流？

生：我来说一个发现，我发现数据30是5日那天阅览室借阅的书本总数，包括了绘图本10本、文学书11本、科普书9本。

师：嗯，这是一个信息。这个信息是在表格中直接反映出来的，我们可以把这样的信息叫作直接信息。（板书：直接信息）

师：还有谁有不同的发现？

生：我发现5日、6日、7日这三天一共借出97本书。

师：你发现的也是表格中的直接信息。但和刚才一位同学不一样，你把三天进行整体比较了，获得了总和。

生：我发现5日、6日、7日当中，6日那天借出去的书最多。

师：非常好，你的高明之处就是把三天的借书情况进行了比较，得出了一个重要的信息。发现这个信息需要有敏锐的观察与感悟能力，我建议大家用掌声感谢他的发现。

师：因为这个信息需要通过比较才能获得，我们可以把这个信息叫作隐性信息。（板书：隐性信息）大家可以想象一下，是什么原因让6日那天借书量最大？

生：（非常活跃）可能因为有阅读课。

生：可能那天下雨，体育课改为阅览课。

（大家笑了）

生：也可能那天是星期五，大家都去借书，星期六回家看。

生：不对不对，如果6日是星期五，那表格中7日是星期六啊，学校阅览室不开门的，怎么会有25本书借出去呢？

（学生积极讨论，教室里热闹一片。）

师：同学们，根据这样的一种数据分析比较，大家能猜想、判断数据背后的各种原因，这会儿再看表格中的数据，大家是不是觉得不再那么冷冰冰了？

生：老师，我觉得数据里面藏着好多的秘密。

师：你的感悟非常好。这就是我们生活中需要统计的原因啊。现

在，你能不能回答这个问题了？（出示课件，如图 6-11）

生：（踊跃举手）老师，应该首先考虑文学书。

师：你怎么想的呢？

生：因为从统计表中我们可以比较得出，要借文学书的同学最多。

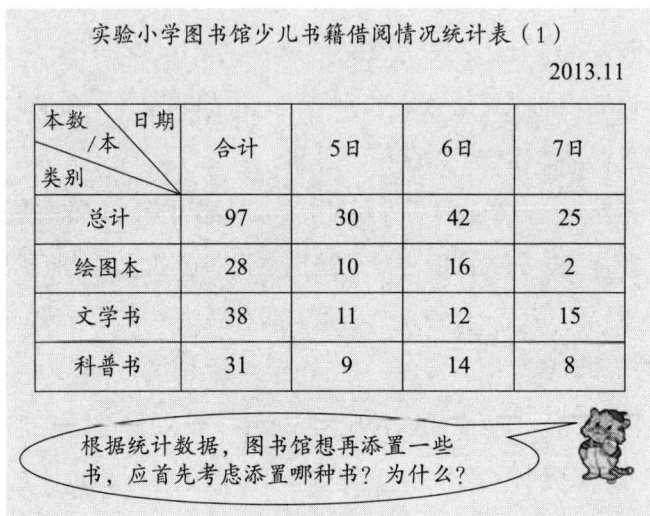

实验小学图书馆少儿书籍借阅情况统计表（1）

2013.11

类别 本数/本 日期	合计	5日	6日	7日
总计	97	30	42	25
绘图本	28	10	16	2
文学书	38	11	12	15
科普书	31	9	14	8

根据统计数据，图书馆想再添置一些书，应首先考虑添置哪种书？为什么？

图 6-11

师：嗯，看来文学书人气最旺。

生：（笑）是的。所以，阅览室需要添置更多文学书。

师：同学们是不是都这么认为的？

生：我觉得别的书也要添置一些，因为绘图本与科普书也都有同学借。

生：我觉得就以 3 日的借书量来确定最先购买哪种书，统计的时间太少，应该还要多统计几天。

师：好，孩子们，大家对于统计表的作用与理解已经超出了老师的预想了，非常高兴大家能从一张简单的表格中获取这么多的感悟，今后大家要带着这样的感悟来关注我们生活中的各种表格。

【设计意图】从直观的角度来说，统计表是比统计图更为抽象的统计方法，如何认识这个更为抽象的、结构化更鲜明的、蕴含着丰富信息的特定表格？要让学生对统计表进行再创造，经历复式统计表的生成过程，引导学生从关注样式到关注数据、读取数据、猜测数据背后的故事与原因，同时，教学实施时适当引发学生质疑、冲突，不断提升学习效率。

教学反思

不是所有的表格都能叫作统计表

　　苏教版小学数学五年级上册《复式统计表》一课是"统计与概率"课程内容的重要课时，是学生在学习了单式统计表的基础上编排的学习素材。

　　生活中有许多"类统计表"素材，从服装尺码对照表、景区门票价格表等日常常见的表格到学生常见常读的课程表，这些表格都具备统计表的形式，那么，学生熟悉的课程表能否作为复式统计表的教学素材？

　　课程表作为学生生活中常见的安排表，集中地收集了学生的课程信息，有效地组织起校园中每日的教学工作，也正因此，课程表成为学校中诸多表格中最重要的一张。但究其实质，课程表只是一种日常安排表，而并非严格意义上的数学统计表，用课程表作为复式统计表的一组教学内容，仅仅是让学生学会如何看表、读图，却不能有效地促进学生数据分析观念的提升，甚至会给学生造成一种误解，即生活中的所有类似的表都是统计表。

　　复式统计表是一种数据分析的方法，如果教学仅停留于让学生会看表、会填表、会制表这一层面，那作为小学阶段中呈现统计方法、感悟统计思想的重要素材，其"营养价值"就会大打折扣。

　　因此，教学中要解决的问题是：在什么情况下，学生需要采用复式统计表来解决问题？为什么不采用相对简单的单式统计表而需要学习复式统计表这一内容？如何体现《数学课程标准》中所提出的"会根据实际问题设计简单的调查表，能选择适当的方法收集数据"这一课程内容要求？

《复式统计表》这一内容的教学必须让学生在解决实际问题时引入新的统计方法，并能根据问题选择合适的方法；让学生在收集数据、整理数据的过程中，学会分析数据、预测判断等，掌握统计观念；让学生在选择方法、数据整理与分析的过程中，感悟统计的丰富数学思想。而这也正是发展学生智慧的重要契机。

一、面对问题，引入新的统计方法的必要性

同样的数据，因为研究的问题以及研究过程所希望获得信息的不同，所采用的统计方法也不同。因此，教师须思考如何让学生深刻感知复式统计表的生成过程，从单式统计表逐次递进、合并演化为规范的复式统计表。

考虑到复式统计表以最简洁的方式呈现集中而繁多的信息，其表格的样式比单式统计表难许多，所以课堂呈现出面对实际问题，统计表从单式走向复式的制作过程，备课思考与磨课过程更关注以下三点：

（1）出示适度调整的教材活动情景，让学生感悟情景的纷繁，生发统计的意愿，并以此情景贯穿，为复式统计表的呈现作伏笔；

（2）比较四幅单式统计表的异同，感知统计表的相同格式与不同内容；

（3）以"你能通过这四张表格，一眼看出总人数一共几人？是男生多还是女生多？哪个组人数最多？"这样的问题为引领，呈现单式统计表的不足，产生合并的驱动与需要。

由此，教师分初步合并、逐步精简、不断完善、分析探讨、延伸拓展五个步骤来展开复式统计表的生成过程。在此过程中，让学生动手合并、精简信息；让学生思考复式统计表"表头"如此设置的理由，培养"对应"的意识，理解数据所对应的含义，从而层层推进，经历数学学习的过程，以一种新的统计方法——复式统计表来解决实际的统计问题。

二、关注数据，而不仅仅是关注表格形式

有人说，当今的时代是"读图"时代。在复式统计表这一课中，"读图"至少表达着两层要求：第一层的要求是能够读懂表格样式，也就是会看表。读课程表等这样的日常安排表只要能达到这一层就可以，但作为统计方法的复式统计表，其读图要求还需要有更进一步即第二层的要求，能读懂表格中各数据间的关系，这是比第一层更为重要的要求，即从关注表格形式转而关注表格中的数据。

感知与认识复式统计表，对学生而言是较为容易做到的，因为每日检索课程表是孩子们得心应手的事情。但是如果课堂只是停留于认识表格样式，通过对应检索的方法查获每个栏目的数据所表示的意义，通过加减的方法来填写几张复式统计表等看表、制表，那么这样的课堂无疑是低效的，对学生思维的付出、理性的提升是不够的。教师要利用复式统计表各个数据间的关系，让学生整体把握复式统计表各个栏目内在的联系，从而更清晰地建构对复式统计表的整体认识。

三、数据分析，是统计表承载的重要思想

《数学课程标准》强调统计课程的核心是发展学生的数据分析观念。史宁中教授认为：统计课程的核心是发展学生的数据分析观念，义务教育阶段统计教学的关键是使学生想到用数据，愿意"亲近"数据，能从数据中提取信息。复式统计表成为落实这一统计思想的良好载体。

从数据统计的角度而言，同样的数据可以有多种分析的方法，需要根据问题的背景来选择合适的方法。儿童科学的统计意识是在解决实际问题、在现实的统计活动中逐步形成的。单式统计表是以比文字更简洁的形式来表达一个统计量的信息。随着统计活动的深入，学生需要就两个或几个有关联的量进行统计，在初步整理的基础上需要进行比较、分析。这时用单式统计表统计几个有关联的量，就显得信息分散、间接，不能直接、有效地反映数据间的联系，因而，从单式统计表走向复式统计表也就成为必然。在从单式走向复式的过程中，数据的分析与比较是其内在的统计需求。

有效的数学教学依赖于对于学科知识的深刻理解与把握，教师需要理解知识隐含的意义，把握其内在的思想，呈现教学的观点和程序，建立主题与主题之间、同一主题的不同部分之间的联系。

就《复式统计表》这一课而言，除了研究复式统计表的样式，更为重要和根本的是研究表格中的数据。对一组看似杂乱无章的数据的整理、分析、判断、感悟，发现其中隐藏的规律，判断形成的原因，预测未来的走向，而这不正是孩子所需要形成的统计思想吗？

如果采用课程表作为《复式统计表》一课的素材，那么教学就只是停留于对表格样式的感知以及读表的方法，只关注了统计表的外在形式而忽略了统计表内在数据分析的核心。因此，复式统计表的教学不能把"类统计表"的日常安排表纳入到教学中。

也正是通过重新思考与磨课，回答了第一次备课过程中自己的担忧，思考了第一次上课中为什么采用了课程表这一素材之后感到课堂中所存在的欠缺，对《复式统计表》一课的理解也就更为深入了一步。

7. 识圆品圆：圆的认识需要匠心独运

教学实施

"圆规两脚间的长度是直径的一半"

教学内容： 苏教版五年级下册第85—87页。

教学目标：

（1）观察、画图、讨论，感受与发现圆的特征，能用圆规画一定大小的圆。

（2）经历不同要求下画圆的过程，清晰把握圆的特征。

（3）通过操作等活动，积累图形经验，增强空间观念，发展数学思维。

（4）体验图形与生活的联系，圆思想的发展历史，感受学习圆的价值。

教学重点： 圆的特征。

教学难点： 根据圆的特征去创造性地画圆。

教学过程：

（课前观看 G20 杭州峰会"最忆是杭州"片段）

师：同学们，惊叹了吧。这是 G20 杭州峰会"最忆是杭州"的片段，说说观看以后的感受。

生：真美。

生：如果扇子继续展开，就成了一个半圆了。

生：和在西湖里的倒影一起，成了一个圆。

师：张艺谋和他的团队在西湖上空画了一个美丽的圆。对这把扇子，当时的制作团队可是有极高的要求的。这里面还涉及关于圆的知识。

【设计意图】圆是美丽的图案，现实生活中、艺术作品中用圆形或圆形的思想来设计创造的作品有许多。课前给学生播放视频，可以让他们欣赏、感悟圆形的美丽，激发对圆形思考和研究的兴趣。

一、引入新课

师：孩子们看屏幕，咱们今天要学习的是——

生：（齐）图形。

师：以前都学习过哪些图形？

生：我们学习过三角形、长方形、正方形。

生：还有梯形、平行四边形。

师：好，大家还想到什么图形？

生：我还想到了菱形和圆形。

师：（板书：圆）生活中在哪儿见到过圆？

生：汽车的轮胎是圆的。

师：应该说，轮胎的面是圆的。

生：硬币的面是圆的。

生：手表的表面是圆形的，我还看到电梯里的按钮是圆的。

师：就是啊，生活中好多地方都看到过圆。你还有补充吗？

生：橙子是圆的。

师：噢，这是你的看法，可以先把这想法放一下，让我们开始研究。你们的脑海中，圆形是怎样的？用手比划一下。

（生动手比划出圆）

【设计意图】圆形物体在生活中很常见，基于生活经验，教师即使不给出圆的图形，孩子仅凭脑海中的表象，也都能比划出圆，通过比划，强化脑海中的表象，使得先前的表象也更为深刻鲜明，为随后的辨析提供心理基础。

二、认圆辨圆

师：瞧，圆形就在大家心中，心中的那个圆和以前学习过的图形有什么不同？

生：圆形是没有角的，其他图形有角。

生：圆的线都是弯的，而其他图形都是直直的。

师：瞧，图形之间有这样的区别，咱们以前学的这些图形的边都是直直的，数学上叫作平面上的直线图形，那圆就是——

生：弯线图形、曲线图形。

（师板书：曲线图形）

生：我还有补充，圆有无数条对称轴，其他图形只有几条。

师：还记得刚刚有个同学说橙子是圆的，生活中，我们还常说球是圆的。（出示课前准备好的乒乓球、地球仪以及近似球体的橙子）不过，从数学的角度看，球是一个圆吗？

生：（思考片刻后）我觉得不是。

师：这是直觉观察，能说说为什么吗？

（生沉默）

师：（出示光滑的杯盖、饼干盒盖）谁愿意上台为大家在盖子上找出圆？

（学生踊跃举手，并争抢上台比划圆形。）

师：请摸一下这个圆形物体，并告诉同学们你的感觉。

生：我摸圆形物体时，觉得它是平平的、滑滑的。

师:(出示地球仪、乒乓球等球体)谁愿意来摸下球,并告诉同学们感受。

生:滑滑的,但不是平的。

师:换个动作,请大家拿出课前准备的乒乓球,(示范挤搓的动作)说说,这个动作可以叫作什么?

生:像在家里为妈妈做团子,这叫搓。

师:看来你是一位爱做家务的好孩子。大家能搓饼干盒盖、圆形纸片吗?

生:(笑)不能。

师:真的吗?谁不信?上台一试。

生:(把圆形纸片放入手中以同样的方式与动作搓一搓,发现很难完成这样的动作)因为圆是平面的,不能搓了。

师:平面的,这个词用得很好,能告诉张老师圆与球的区别吗?

生:圆是平面的图形,球是立体的。

师:一下就抓住了问题的本质,说得好!不过,生活中,我们为什么经常会把球说成是一个圆呢,比如圆圆的皮球、可爱的圆圆的脑袋等等?

生:因为球和圆很相似。

师:哪儿相似?

生:它们俩都很光滑。

生:感觉它们都是圆圆的。

生:那是因为球上能找到圆。

师:你的意思是:球形的物体上蕴含着圆形吗?张老师这儿有个近似为球体的橙子,你在哪儿能找到圆?

生:(绕橙子比划一周)这个是圆。

师:你的动作可能会引起同学们的误解,你有什么好的办法来让同学们清晰地观察到"圆"?

（生陷入思考）

生：张老师，可不可以把橙子切开？

师：哟，他提出了这样一个办法，大家是否赞同他的观点？

生：不同意，那就破坏橙子了。

生：我同意，张老师让我们清晰地观察到圆形，不切开观察就不清晰。

师：看来在研究数学的过程中，需要有大胆的尝试、突破精神。

（教师用刀从中间切开，展示了圆形截面，学生发出惊叹之声。）

师：如果不从中间切，还能出现圆吗？

生：能，随便怎么切，它的截面都是圆形的。只不过从中间切，截面上的圆最大。

（教师再次演示，帮助学生认识到球的大大小小不同的圆形截面。）

师：看看地球仪，上面有圆吗？

生：如果把地球仪看作一个球，赤道就是一个圆。

师：除了赤道，地球仪上还能找到其他的圆吗？

生：能。其实，每一根横着的线都可以看作一个圆。而且这些圆的大小还不一样，赤道上的圆最大。

生：地球仪上竖着的线也可以看作一个个圆。只不过这些圆好像没有大小之分，都一样大。

（教师借助地球仪，帮助学生认识了球体上的圆形。）

师：如果不允许切，你还有什么办法能让张老师清晰地看到你从球中找到的圆吗？

（生一下没了思路，沉默了好一会儿。）

师：大家可以小组讨论。

（生热烈讨论）

生：我可以采用踩的办法。（同组的同学笑）

师：具体说说你的方法。

生：给我一个软软的球，就像把篮球中的气放掉，我把它踩平后就成为一个圆了。

师：你采用的方法就是要让球形物体变化成平面图形。

生：如果给球拍一张照片，那么，照片中的球的轮廓，其实就是一个圆。

师：是呀，一旦到了照片里面，原来的立体图形自然就成为了——

生：平面图形。

师：球的影像也自然而然成为了一个圆。不错！

生：老师，我能上来演示吗？

师：当然可以。

（生拿起一个篮球，放到投影仪与屏幕之间，结果屏幕上出现了一个黑色的、清晰的圆。）

师：原来，球的投影也可以成为平面图形圆。想象力真是永无止境呀。不过，圆能不能成为一个球呢？

生：我觉得不能，平面图形怎么可能成为立体图形呢？

生：能！只要给我足够多的大小相同的圆，我把它们一个个套在一起，就像地球仪上的经线一样，最终就会构成一个球。

生：受刚才这位同学的启发，我觉得只要把一个圆旋转一圈，应该就能成为一个球了。

【设计意图】解惑一定是数学课的功能与价值之一，学习的愉悦正是来自困惑得以解开时的那种清澈澄明与获得感。生活经验能给予儿童学习的心理前提，但有时却会成为学习的障碍，关于圆，时常有儿童把球当作圆，球圆混淆是《圆的认识》一课中常见的学生困惑，但在几何概念中，球与圆是两种完全不同的内涵，与其刻意回避，还不如迎难而上，通过摸、搓、比等方法来让学生辨析，在对球与圆进行辨析的过程中，找寻这两个概念的区别与联系，让学生能清晰分辨，获得学习的愉悦感。

师：非常好，继续我们的讨论。（出示椭圆）大家心目中的圆是不是这样的？

生：这不是圆，圆是很圆的，椭圆是扁的。

师：这不也是曲线图形吗？

生：我觉得这是圆，只不过被拉长了。

生：我觉得不是，因为圆有无数条对称轴，这个图形的对称轴只有两条。

生：我觉得椭圆是圆的一种，因为它的边也是弯曲的。

师：孩子们，数学课堂中出现不同声音非常好，大家说的都有道理，但到底谁的判断更准确？让我们带着这困惑来研究。

【设计意图】椭圆是常见的曲线图形，也是较容易与圆产生混淆的图形。课堂中，学生根据脑海中圆的表象，直觉判断椭圆并非圆，但进而一想，又不肯定了，因为椭圆也是曲线图形，椭圆也称呼为"圆"，产生这样的混淆很正常，为深入把握圆的特征提供了认知冲突，对椭圆加以辨析，能够让学生更为深刻地理解与把握圆的本质属性。

师：同学们再来看，你们心目中的圆是不是这个样子的？（出示图7-1：古人徒手画的圆）

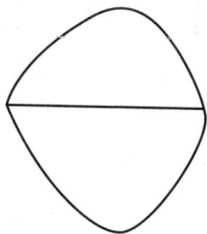

图7-1

生：（笑）不是圆。

师：大家都笑啥啊，谁来说这图怎么啦？

生：这个圆的每条边都不是一样的。

师：什么叫每条边都不是一样的？不就是这么弯弯曲曲的吗？

生：这不是圆，因为我看到这个图上有好多的角。

师：感觉很别扭，是吧。

生：我们找不到它的圆心。

师：孩子们，从大家的言语中我听明白了，大家都认为这不是圆。张老师告诉大家，恰恰在三千年前，人们就把圆画成这个样子。（出示图7-2）这是一块保留至今的古巴比伦人画圆的数学泥版，当时人们怎么就把圆画成这样呢？

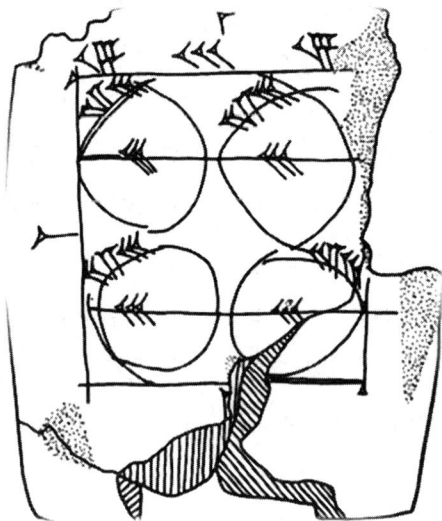

图 7-2　数学泥版

生：我觉得他们当时没有画圆的工具，所以就凭自己的想象画成这样。

师：没有合适的工具，徒手画成了这样，那咱们今天有工具吧？

生：（齐）有，圆规。

【设计意图】引入古巴比伦泥版是本课的一个创新之处。圆形应是古人熟悉的图形，之所以画成这样，究其原因应该是没有专业的作图工具，在此基础上引出与指导学生画圆，妥帖自然。

三、经历画圆

师：当然，除了圆规，我们当然还有圆形物体，大家就用今天的工具在练习单上快速画一个圆，开始吧。

（生画圆，师稍作巡视。）

师：大家来说说怎么画的？

生：先用这个圆规上一个尖的点做圆的中心点，然后再绕这个中心点转一圈。

师：好的，我把这个过程记一下。这个尖的东西得怎么样——（生：得扎住。）也就是得——（板书：定针尖）接着要怎么样——（生：还要转。）

师：是什么在转？

生：是铅笔那头转动。

（师板书：笔尖转一圈）

师：（展示学生所画的圆）有个同学画了这样的一个圆，瞧，图中这个地方出现了两条线，这是什么原因呢？

生：可能是针尖没定住，打滑了。

师：针尖倒是定住的，纸上还有一个清晰的洞呢。

生：（拿着圆规叉了两下）我认为在画的时候，圆规脚这样移动了。

师：有道理。所以定针尖，笔尖转一圈，还不一定能高质量地画圆，画的时候还得注意——（板书：稳两脚）瞧，我们用专门的工具画圆，还会有错误，难怪古人没有画圆工具都画成那样的了。

（众生笑）

师：大家掌握了用圆规画圆的方法，那张老师提高要求了。（出示纸圆片）我手上有个圆片，请大家画一个与它一样大的圆。

生：老师，把你手中的圆片借给我，我在纸上把这个圆的周边画一圈。

师：（笑）聪明，这个办法也很容易，但全班同学得每人借一下这个圆，这是不是很麻烦？有没有别的方法？

生：我可以用圆规，先把针尖定在圆的中心，再转一圈。

师：你把圆规拿来，你来定针尖，其余同学都监督好，到底是不是定在正中间。

（生上台，用圆规针尖在圆片上寻找、尝试。）

生：老师，我就是不知道这个中心点在哪儿。

师：你问问大家呗，刚才同学们都看着你操作呢。

生：谁愿意来帮助我？

（另一个学生上台，拿起纸片对折再对折。）

生：这样折两下，就能定出圆的中心点了。

（教室里响起了掌声）

师：你同意吗？你刚刚一开始用针尖寻找得到中心点吗？

生：我是估计的，定不到。

师：好，那圆片被这么一折，出现了一条折痕，大家知道这条折痕是什么啊？

生：这是圆的直径。

师：刚刚折出了几条直径？

生：两条。

师：两条直径一交叉，就有了中心点，来，孩子，你继续操作。

生：把圆规针尖扎住圆心，两脚叉开这样转一圈，就行了。

师：大家看，圆规两脚叉开了，这会儿两脚间的长度就是圆的什么呢？

生：圆规两脚间的长度是直径的一半。

师：直径的一半是不是也叫直径？

生：半径。

师：哦，原来圆规两脚间的距离就是半径啊。那针尖定住的那个点又叫什么呢？

生：圆心。

师：瞧，经过刚才的研究，咱们明白了圆中的好多概念，请大家在刚刚画的圆上标出圆心、半径、直径。谁愿意上台标在黑板上的圆上？

（生标注圆心、直径、半径，师巡视。）

师：为了更简洁，我们用字母 o 表示圆心，字母 d 表示直径，字母 r 表示半径。现在看这句话，"定针尖"，指的是定什么？（生齐答：圆心。）"稳两脚"呢？（生齐答：半径。）

师：笔尖再转一圈，美丽的圆就画好了。如果我告诉大家，刚才的这个圆片直径 4 厘米，该怎么画？

生：我认为应该把针尖定在四厘米的一半，两厘米的地方。

师：什么叫针尖定在两厘米的地方？谁愿意来解释。

生：我补充下，应该把圆规的两脚叉开成 2 厘米的距离。

师：对，这话就说清楚了。大家拿出一把直尺，把圆规两脚按这要求叉一下——孩子们，大家叉两脚的过程，就是"定长"的过程。学到这会儿，大家对圆的认识又深刻了，我继续提高要求。

【设计意图】画圆是孩子们乐意做的事情，当圆规成为书包中的一个学具后，也最容易成为学生手中的玩具，如此，顺应儿童天性，课堂提供给孩子画圆的时空，并且通过画任意圆、画指定要求的圆、画指定大小的圆这三个层次，明确圆的各部分概念、探索圆心与直径的意义、圆的半径与圆规的关系，明晰圆的特征。

四、引申画圆

师：请大家在正方形中画一个最大的圆，正方形就在作业单上，开始吧。

（生作画，师巡视。）

师：有些同学已经画好了，还有的孩子继续画，张老师打断一下，我请大家看一下屏幕，这几份作业，大家来评价一下。

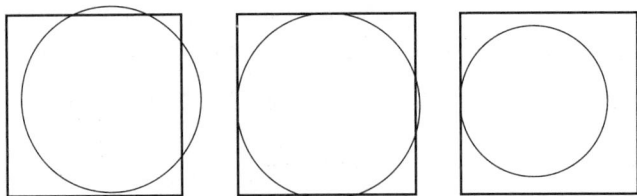

图 7-3

生：这三幅作业都不对，要求在正方形内画一个圆，这两个圆都超过了正方形，还有一个圆画小了，所以都不对。

师：这次画图乍一看挺简单的，但做的时候就有问题了，都来说说问题在哪儿？

生：老师，我感觉画的时候找不到圆心，针尖不知道扎在哪里。

生：我不知道定多长。

师：就是的啊，这圆规针尖定在哪里？两脚得叉多大？要在正方形中画最大的一个圆，得定点，还得定长，那咱们逐个解决问题，圆心在哪儿？

生：（上台，在正方形中画出两条对角线，指着交点）圆心在这儿，因为正方形的中心是这个点，我认为圆的中心也就是这个正方形的中心。

师：很棒，第一个问题解决了，把点定住了。

生：（叉开圆规两脚，针尖定着圆心，笔尖指向正方形边的中点）画圆的话，要把圆规的两脚叉开在这里。

师：不急，你认为圆规两脚叉开这样大小，其他同学有没有不同的意见？

生：（齐）没有

师：大家都没有意见？（把圆规两脚叉开成正方形对角线的一半）我怎么觉得半径是这一段呢？

生：这样不行，如果半径这样长，圆会画到正方形的外面去了。

师：哦，你的意思就是圆不在正方形里面了，那请你拿支笔，在这个正方形中画出最大圆的半径，并把圆画好。（生操作）

师：真好，经过大家的讨论，我们解决了这个看似简单，但却有着思考难度的题目。孩子们，继续看这幅图，这个圆和正方形有着怎样的关系？

生：我觉得这个圆的直径就是正方形的边长。

师：哦，你上来指着说，不然大家可能不明白。

生：（上台指着正方形的边长）如果把这个正方形的边长移下来，和圆的直径一样长。

师：真棒，大家把掌声送给他。

生：我补充，这个正方形边长的一半就是圆的半径。

师：嗯，两个人说的是一个道理。孩子们，图形间是有联系的，刚刚孩子们作图的过程，数学上叫作尺规作图，需要大家在琢磨图形关系的基础上，正确画出所要求的图形，这可是一个很重要的本领。

【设计意图】利用尺规，想要在正方形中画出一个最大的圆，必定是在深入掌握了圆的特征，以及圆与正方形关系的基础上进行的，这对培养孩子的空间感是很有益的，鉴于学生间的差异，作图的过程需充分给孩子时间去尝试、探索、发现。

五、辨析特征

师：我们回到课堂一开始的问题，（出示图 7-1、图 7-2）现在大家来判断，图形是圆吗？

生：圆有对称轴的，但这个图形没有。

师：（指着图 7-2）你说的是这个图吧。

生：这个图形不是圆，因为半径的长度都不一样。

师：嗯，中间这条线还不能说它是半径。

生：如果要是圆的话，应该每条直径都是一样长的，所以椭圆不是圆。

师：很好。张老师想起中国古代有个著名的哲学家说的一句话，来读一下。

生：（齐）圆，一中同长也。——《墨经》

师：非常好，解释一下，什么叫一中？什么叫同长？

生：一中就是圆只有一个中心，同长指的是圆心向外扩散的半径都是一样长的。

师：（不动声色地出示等边三角形）这是圆吗？

生：（齐）不是。

师：这不也是一中同长吗？怎么就不是圆了？

生：这个图形不是曲线图形。

师：这是从外形看，但这不也是一中同长吗？怎么就不是圆了？难道墨子说错了？

生：老师，我上台指一下。（上台指着三角形内的其他线）一中同长就是说从这个点到四周的长度都是一样长的，但这里不是。

师：哦，看来这个三角形是拿着有限的几条同长来说事，你还能找到第四条同长的线吗？

生：不能了。

师：就是啊，看来一中有限同长成不了圆。怎么变化就能成圆？

生：继续画里面的线，从三根变成四根、五根等等，这样就不停地把边扩大了。

生：也可以把三角形旋转一下。

师：（演示旋转过程）这么一转，看到了一个圆，这会儿这个图形和三角形的不同在哪儿呢？

生：里面有好多同样长的线。

师：对，所以墨子的话，应该说的是一中无限同长。

【设计意图】正多边形因其对称性，具有一个中心点，连接中心点与顶点的线段都相等，如此，正多边形也具备一中同长的性质。将正多边形与圆进行比较，让学生明确把握圆的一中无限同长的特质。同时，采用割边、旋转等方式，建立正多边形和圆的联系。

师：（出示图7-4）大家都明白了这个图形不是圆，如果要在其中得到一个圆，可以怎么画？

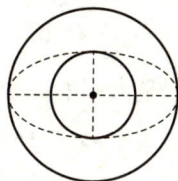

图7-4

生：可以用短的一条作为直径画一个圆。

生：也可以用另一条长的线做直径来画。

师：同学们，这会儿两个圆有什么联系啊？

生：这两个圆的圆心是一样的。

师：数学上，叫作同心圆，那它们又有什么区别？

生：同心圆中一个圆小，一个大。

师：能不能画出第三个、第四个？

生：（齐）能。

师：张老师告诉大家，不管你画多少个，这些圆都跑不掉，因为都被那个圆心定住了。

生：它之所以叫同心圆，就是因为同一个圆心，被定住了。

师：那这幅图还是轴对称图形吗？

生：（齐）是。

师：几条对称轴？

生：无数条。

师：好，我把这图形再变一变（出示图 7-5），这会儿可不是同心圆了，那这两个圆又有什么联系呢？

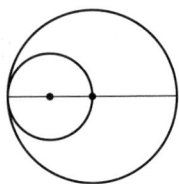

图 7-5

生：我发现小圆的直径就是大圆的半径。

师：你的意思就是直径等于半径，是吗？

生：是的。

师：这话听着别扭，我记得你们刚刚还说直径是半径的两倍，怎么这会儿变成直径等于半径了啊，这是怎么一回事啊？

生：老师，我来说，刚刚我们说的时候没说小圆和大圆。

师：哦，你的意思就是，在说直径和半径的关系的时候得说清前提，那什么时候直径是半径的两倍？

生：在同一个圆中，或者两个一样大的圆中，直径是半径的 2 倍。

师：很好，数学学习要关注前提。继续看，那这会儿还是轴对称图形吗？

生：是。

师：对称轴呢？

生：这幅图只有一条对称轴。

【设计意图】空间形式是数学的研究范畴，其研究的对象是图形，研究的内容是图形的关系。《圆的认识》一课，认识单个圆的特征，理解圆的各部分概念等只是知识层面，而通过圆的大小与位置的变化，让学生辨认圆与圆之间的联系，获得关于图形的新感悟、新认识，则可以培养学生更加敏锐的数学眼光。

六、拓展认知

师：孩子们，刚才大家把正三角形绕中心点转一圈，得到了一个圆，那老师问问大家，绕着一个点旋转是否一定会成为圆形？

生：是的，我喜欢玩溜溜球，旋转的就是圆。

生：用绳子牵着一样小东西，在手上甩，会成为一个圆。

生：上次我去云南旅游，有个杂技演员转火盆，绕着转就是一个圆。

师：嗯，经验告诉我们，绕着一个点转，得到的图形就是一个圆，但正因为这个认识，也让人们走过了一些弯路。

（介绍天文学发现：地心说、日心说、行星运行定律）

师：（出示图 7-1）孩子们还记得这个图吗？三千年前古巴比伦人画的圆，大家判断他们当时没有画圆工具，那大家琢磨一下，当时的古巴比伦人有没有直尺？

生：没有圆规，有直尺。

师：好，那我下一步的要求就是，如果你是当年的古巴比伦人，用今天的知识，请于课后只用一把直尺，画一个美丽的圆。

教学反思

不走寻常路

一切平面图形中，圆是最美图形。我想，毕达哥拉斯的这句表述不仅仅是因为圆的外在图案之美，更是因为数学家们在研究过程中所感受到它的内在魅力。如何让学生认识美丽而又常见的圆？这就需要师者独到的品鉴、深入的思考与探寻。

　　因为生活中四处都可见圆形的物体，所以圆是孩子们熟悉的图形，课堂上即使不给出圆的图形，仅凭脑海中的表象，孩子们就能说出诸如圆没有顶点、圆是曲线图形等常规特征来。正因如此，许多教师认为，"认识圆"是一节简单的课，寻常的课，无需花多少功夫，圆中诸如直径、半径，直径与半径的关系等是简单而易懂的。有了这样的想法，课堂就把孩子们首次接触的曲线图形简单化了，把在人类图形研究历程中占有重要地位的圆浅薄化了。如何深入探寻与触摸圆的特征、圆的魅力？我的想法就是，不走寻常路，顺应儿童认知的习惯，凸显个性的思考。

　　不知道大家有没有注意到，当圆规成为孩子们文具盒中的一件学具的时候，孩子们都会做同一件事情，那就是拿着圆规画圆，看似不经意的玩乐却是体悟圆的重要过程，在画圆的过程中孩子一定会体会、琢磨，针尖如果打滑、圆规脚的叉开距离如果没有锁紧，忽大忽小的状况是画不成理想的圆形的，所以即使用专业的圆规画圆，对于孩童来说一开始也不是一桩简单的事情，正因为这样的不简单，同时又可以用圆画出美丽的图案，所以吸引了儿童乐此不疲地画。而又因为画圆不是简单的事情，需要花时间，课堂时间又有限，老师们普遍不让孩子们在课堂上画圆。但课堂规定挡不住孩子们的好奇之心，孩子们偷偷地也要画圆。如此，就顺应儿童，放手让孩子们画吧，但放手并不是放任，而是引领孩子步步深入，通过画圆的不同要求来让孩子深刻认识圆的本质特征，这是我这节课的思考重点。

　　和平常按部就班认识圆的教学课不同的是，画圆贯穿了我整节课的教学过程，从徒手画圆—用圆规画圆—画规定大小的圆—想办法修正徒手画的那个圆—在正方形中画最大的圆—用直尺来画圆，通过画圆的不同要求将学生对于圆的认识引向纵深。与长方形、正方形等平面直线图形不同，圆是曲线图形，因此，画圆的过程与画长方形等直线图形所用的工具、方法、感受是不一样的，随意画一个圆与画一个和指定圆等大的圆，要求与难度完全不一样，圆心、直径、半径等这样的认识就镶嵌在画圆的过程中，徒手画圆怎么就难以画成心中的圆？为什么圆规针脚一滑，画的就不圆了？怎样操作才能画出和老师手中一样大小的圆？画图的过程引领儿童步步深入，探寻本质。

从纸上剪一个长方形与剪一个圆是两种完全不一样的感受，因为圆是一个曲线图形，通过剪长方形与圆的对比，能让学生感受到圆作为曲线图形的特征。但说到曲线图形，还有一个与圆很相似的图形，那就是椭圆。虽然小学阶段不认识这个图形，但是学生在诸如表达集合圈时遇到过椭圆，同样是曲线图形，但剪椭圆与剪圆的感受却是不一样的，圆上的每一点到圆心等距离，而椭圆并没有一个中心，所以相对而言，剪圆难度更大，如此理解，一个中心是圆的一个重要特征。

圆的另一个特征是一中同长。椭圆不是圆，但具备圆的一些典型特征，比如也是曲线图形，也是轴对称图形，正因为如此，椭圆是不是圆成为孩子的争论话题，这样的争论也正好逼近圆的本质特征，即同一个圆内，半径或直径是"同长"的，这样的辨析有意义、有价值，需要教师着力开展。但说到"一中同长"这一特征，却还有诸如正三角形、正方形等正多边形，它们都具备一个中心，以及从中心出发连接顶点的线段同长的特征，其本质的不同点在哪里？考察正三角形，从中心出发只有连接三个顶点的三条同长线段，正方形是四条，正五边形有五条，正 n 边形是 n 条，随着能够画出的条数越来越多，正多边形越发趋近于圆形，直至这样的相等线段有无数条时，图形最终成为圆，如此，学生将对墨子所言"圆，一中同长也"有了更为感性与深刻的理解，这里的一中同长，其实是一中无限同长，而如正三角形、正方形等正多边形则是一中有限同长，如果将有限同长变化为无限同长，则图形自然就成为圆。

给徒手画的圆进行修正是本课中颇有意思的一个过程，表象中的圆与徒手所画的圆有着显著的出入，怎样把徒手画出的圆修正得更圆？有的孩子是不停地描边，描一下擦一下，有的孩子则是用直尺确定一条等长的线段，以这个线段为基准，把凸出的部分往里修，凹下的部分往外修，深入感受圆的同长的特征。

　　圆的学习又如何与之前所学的图形建立联系？本节课又该为未来圆的学习渗透怎样的思想？反思能够让我们对圆有更为深刻的认识。圆是孩子第一次认识的曲线图形，历史上研究圆给我们当下最大的启示就是化圆为方。那反之，方如何成为圆？通过怎样的改变，正三角形、正方形等图形可以成为圆？这样的思考是有意义的，其改变的方法是不断扩大正多边形的边数直至无限，这是一种无限的思想，需要孩子们的直觉与想象。改变的方法还包括把某一个正多边形围绕中心进行旋转，比如，将一个正三角形或一个正方形围绕着中心点进行旋转，其同长线段将从三条、四条变为无数条，也就自然得到一个美丽的圆，这也是东北"二人转"节目中一个常见的技巧——转手巾。杂技演员用一根两端点火的木棍在黑暗中耍出一个火圈，其技法就是控制旋转的力度与角度，起初有限同长的线段只有一条，通过旋转得到了图形圆，这也会让学生对一中同长有更深入的认识。

　　如此，更进一步思考探索，凡是绕着旋转就一定会是一个圆吗？我想许多人会不假思索地回答是，这是人类共有的直觉，但也正因为这种直觉，人类走过了许多弯路，天文学发展的历史就是如此，从古希腊欧多克斯为代表的"地心说"，认为地球是宇宙的中心，其余星球都绕着地球转成一个又一个圆，到15世纪哥白尼提出的"日心说"，认为太阳是中心，地球等其他行星绕着太阳旋转，其运行轨迹是圆，历经千年，争论的焦点是谁为中心，而星球运行的轨迹是圆却无人质疑，因为，人类的认识经验告诉大家，绕着物体旋转所形成的轨迹是圆。但开普勒经过长久的观测并结合前人的数据，得出天体的运行轨迹并不是圆而是椭圆这一伟大发现，并由此提出行星三大定律，开普勒因此被后人誉为"天空立法者"。从这个意义上来说，当事实与经验发生矛盾时，必须突破原有的认知与经验体系，产生新跨越，从而获得新认知。

　　圆同时具备轴对称与中心对称这样的特征，并且有无数条对称轴,这在注重平衡、互补思想的东方,是一个不可多得的文化载体。圆既普通又神秘,在我国的传统文化中,圆代表着天,"天圆地方",这个圆已经超越了图形的概念,而上升为文化意义,成为人们的一种向往,同时也成为人们的一种符号,比如《周易》中用卦象布置成圆形来解释自然、预测未来,比如用圆形的太极图来解释阴阳、生死等,从而产生了东方文化中朴素的哲学思想。同样,不仅仅是在中国,世界各个地方,对圆都是认可的,比如亚瑟王的骑士圆桌会议,直到今天,联合国等组织机构召开国际会议时,其会议桌最常见的摆放方式就是圆形,其寓意就如同当年的亚瑟王所倡导的——各个国家不分大小贫富,不存在地位高低,向着一个中心,共同商议,体现出平等、包容与开放——这就是圆的图形本质所带来的文化属性,而这,又恰恰成为毕达哥拉斯所言"圆是最美图形"的文化注脚。

　　无疑,本课的探讨已偏离或超越了这节课的教学目标,以至于这节课不能在 40 分钟内完成,但学生是兴趣盎然的,即使拖课了,孩子们的情绪也是高涨的,注意力也是集中的。可以肯定的是,在这样的匠心独运的预设与生成中,在这样充满生机与活力的对话过程中,学生获得了对圆的深刻的体验与理解,他们的思维、想象力、认知结构、辩证的眼光等,都在这一过程中得到了拓展与升华。而这些,不正是数学课堂更长远的目标吗?

8. 相对比较：认识百分数需要叩问本质

教学实施

"刚才的分数不好比较，这样就容易比较了"

教学内容：苏教版六年级上册第 84—85 页。

教学目标：

（1）理解百分数的意义，会正确读、写百分数。

（2）经历百分数意义的探索过程，体会百分数、分数的联系与区别。

（3）在用百分数描述和解释生活现象的过程中，体会百分数与日常生活的密切联系，增强自主探索与合作交流的意识。

教学重点：百分数的意义。

教学过程：

一、比比说说

师：同学们，如果大家留心生活，就会发现生活中到处都有比较。（出示图 8-1）请大家看看、比比、说说。

生：我认为乙车超载。

生：我也认为乙车超载。

师：有没有不同的想法？

比比说说

司机：甲车载货3吨，乙车载货5吨。
警察：那辆车超载？
　　　　　　　　　　　　　　　　　①

妈妈：甲杯水里有糖50克，
　　　乙杯水里有糖20克。
孩子：哪杯水甜？
　　　　　　　　　　　　　　　　　②

管理员：50座的1号放映厅今天来了38人，
　　　　100座的2号放映厅今天来了74人。
观众：哪个放映厅人气更旺？
　　　　　　　　　　　　　　　　　③

同学：李星明投中16次，
　　　张小华投中13次，
　　　吴力军投中18次。
教练：选谁参加投篮比赛？　④

图 8-1

生：（有些迟疑）我觉得不确定。

师：为什么呢？不是乙车载的多吗？

生：因为我不知道卡车多大，要是乙车很大呢？

师：我建议把掌声送给她。她的思考更全面。（屏幕出示一小一大两辆卡车）老师使了个诈，这么一说，其他几道题，大家有什么想法？

生：第二题，我不知道哪杯甜。因为不知道哪个杯子大，要是甲杯里有很多水，就不一定更甜了。

师：有道理，看来判断哪杯水甜，不能只看糖这一个条件，还得结合水的多少。

生：我说第三道，我也不知道哪个放映厅人气旺，因为不能只是比较观众的人数。

生：我有补充，我觉得这个题目是可以比较的。

师：哦，你能具体说说吗？

生：你看，两个放映厅的总人数是知道的呀。1号放映厅可以坐得下50人，我们把它想成可以坐得下100人的话，那今天来的人相当于76人。

师：噢，这么一说，就把两个放映厅能容纳的人数统一了。

生：是的，这么一想，我认为1号放映厅的人气更旺。

（教室里响起了掌声）

师：同学们，经过这么一讨论，我们在观察与比较事物的时候，眼光就更敏锐了。

【设计意图】比较存在于我们生活中的每一天、每一处，但是孩子在生活中更多的是进行直接的比较，比如笔记本的价格比橡皮贵，五（1）班的孩子比四（1）班的人数多等，这样的直接比较多了，形成的思维定势容易禁锢孩子们观察判断事物的眼光与思维。采用在情景中设置问题的方法，打破学生直接比较的旧有思维，创生相对比较的实际需求。

二、提出问题

师：带着这样的眼光，我们来看第 4 题。

生：我觉得单凭这样的结果，教练不能确定谁参加比赛。

师：大家都是这个意见吗？那为什么啊？

生：因为不知道三个同学一共投了多少次，所以教练不能确定。

师：非常好，看来我们看待事物的眼光有了深刻的变化了。根据你的意思，教练选拔投篮比赛的同学，还得补充一个条件。

生：就是他们各自投多少个。

师：（出示图 8-2）请大家看，老师补充了投篮次数这个条件，这会儿，你选谁？

投篮比赛情况统计表

学生姓名	投篮次数	投中次数
李星明	25次	16次
张小华	20次	13次
吴力军	30次	18次

图 8-2

生：我选张小华。

师：为什么？

生：因为张小华没投中的次数最少，只有 7 次。

师：哦，你看的是没投中的次数，大家有什么意见？

生：但张小华投中的次数也最少啊。

生：但张小华没投中的次数也最少，说明他投得稳。

（班级里其他同学也有了争执）

师：好好，同学们，非常高兴看到大家就一个问题有了争论，数学课堂就是有争论的课堂，但是争论要有依据，要有道理，要以理服人，不能只顾自己的片面认识。到底选不选张小华，谁有自己的想法？

生：我不同意选张小华。

师：具体说说你的想法。

生：不能只看没投中的个数，因为如果让张小华继续投，说不定投不中的次数也会多起来。

师：哎，大家认为有没有道理？

（生齐点头）

生：我觉得看投不中的次数和投中的次数是差不多的，不能用投中的次数选张小华，也就不能用投不中的次数选他。

【设计意图】将投中的次数与投篮的总次数分开出示，让学生充分讨论，困惑与解析并行是小学数学课堂常见的，而学生的思维就在这样的比较、交流、讨论中得到锻炼。

三、深入探讨

师：把掌声送给他。用对立的眼光来分析问题，很深刻。那这会儿，教练需要选一位队员，该怎么办？大家可以讨论一下。

（生讨论）

生：我们小组讨论，需要算一下投中次数除以投篮次数的结果。

师：其他小组怎么认为？

生：我们组也是这样认为。

师：既然同意，那就拿出笔来算吧。

师：有些同学算得快，说说怎么算的？

生：李星明，16 除以 25，就是 $\frac{16}{25}$。张小华，13 除以 20，$\frac{13}{20}$。吴力军，18 除以 30，就是 $\frac{18}{30}$。

师：用分数表示，做得快的同学都是这么算的吧，还有同学有些慢，是因为什么原因？

生：我算小数了。

师：（笑）看来分数表示除法的结果，似乎要更便捷些。（出示图 8-3）

投篮比赛情况统计表

学生姓名	投篮次数	投中次数	
李星明	25次	16次	$\frac{16}{25}$
张小华	20次	13次	$\frac{13}{20}$
吴力军	30次	18次	$\frac{3}{5}$

图 8-3

师：看看表格，大家有什么想要说的？

生：这个样子不好比，还得算，才能选拔。

生：还有这栏目上面少了一个词，应该要补充这张表格。

师：围绕这些问题，小组内完成。

（生讨论）

师：有想法了吗？大家来交流。

生：我把结果算成小数，李星明得 0.64，张小华得 0.65，吴力军得 0.6。所以选张小华。

生：我把三个分数进行了通分，李星明得 $\frac{64}{100}$，张小华得 $\frac{65}{100}$，吴力军得 $\frac{60}{100}$。所以选张小华。

师：通过通分或算小数，我们选出了张小华。现在的问题是，这个得到的结果表示什么意思呢？

生：我觉得应该是投中的次数占投篮次数的几分之几。

师：也可以简略地说成：投中的比率。那干吗还要化成小数或者要通分啊？

生：刚才的分数不好比较，这样就容易比较了。

师：看，说来说去，其实咱们一直在说比较的事儿。大家觉得哪种化法更简便？

生：我觉得通分简便。

师：（出示图8-4）看着这三个分数，各表示什么意义？

投篮比赛情况统计表

学生姓名	投篮次数	投中次数	投中次数占投篮次数的几分之几（投中的比率）
李星明	25次	16次	$\frac{64}{100}$
张小华	20次	13次	$\frac{65}{100}$
吴力军	30次	18次	$\frac{60}{100}$

图8-3

生：李星明投中的次数占投篮次数的百分之六十四，张小华投中的次数占投篮次数的百分之六十五，吴力军投中的次数占投篮次数的百分之六十。

师：对他的回答有没有什么疑问？

（生表示没有）

师：不过老师有个疑问，明明大家都没有投 100 个，怎么这会儿都说成百分之几了？

生：这三个分数是我们通过通分化来的，不是原来的分数。

师：目的是干吗？

生：通分的目的是为了比较，然后选拔。

师：（板书：便于比较）瞧，说到底，道理就这么简单。那看来现在三个分数有了共同点了，那就是——

生：（齐）分母都是 100。

师：这么说来，这三个分数都表示一个数是另一个数的百分之几了，大家给这样的分数取个名字。

生：（齐）百分数。

师：球场上，像表示投中次数的比率还有一个词，有谁知道？

生：（踊跃地）我知道，叫命中率。

师：不错啊。那判断一下，球场上的命中率最大可以是多少，最小可以是多少？

生：命中率最大是百分之百，最小是百分之零。

师：噢，这两个百分数都说明什么意思呢？

生：百分之百就是百发百中，百分之零就是一个没中。

师：哈哈。百发百中，还用到了一个成语，很形象，意思就是投篮几次，就投中多少次。

（众生笑）

师：非常好。到这会儿，咱们围绕选拔哪位同学参赛的问题，记数据、想意义、算结果、作比较，在选拔出同学的时候，还认识了一个特定的分数——百分数。

【设计意图】百分数就是为了"便于比较"而诞生的。结合选拔投篮选手的情境，创造与理解百分数在实际比较情境中的作用，其过程应紧扣住"便于比较"这四个字，在诸多比较方法中，引导学生体会相对比较要比直接比较更为合理的意义，呈现百分数的比较方法更为便利与简洁，而这就是数学教学应有的意蕴。

四、自学反馈

师：关于百分数的意义是什么？怎么读写的？请大家自学课本 98、99 页上的内容。

（生自习，师巡视。）

师：大家学习到了什么内容？

生：我懂得了百分数的意义，是表示一个数占另一个数的百分之几，百分数还叫百分率。

师：嗯，所以我们可以说命中率。

生：我知道了百分数是怎么写的，还有写百分数的时候要写百分号。

师：（出示）40% 读作什么？百分之二十怎样写？

生：40% 读作百分之四十。

师：和以前小数的读法一样，读百分数在书写的时候要写上文字，表示读音。哪位愿意上台写一下百分之二十？

生：我愿意写。（上黑板书写）

师：评一评他的书写。

生：我觉得百分号的两个 0 写得有些平，感觉就像两只眼睛。

（老师和学生笑）

生：我感觉要把左边的 0 往上写，不然感觉是百分之二百了。

师：看来百分号的书写有讲究，那再写一个。（出示：$\frac{64}{100}$ 怎样改写？）

（生书写）

五、找寻生活中的百分数

师：百分数在生活中很常见，大家拿出课前收集的百分数材料，先在组内说说百分数的意义。

（生小组交流，师巡视。）

师：咱们一起来交流。

（生踊跃举手）

生：毛衣上的标签有百分数，羊毛占 90%。

师：能解释一下 90% 是什么意思吗？

生：这里的 90% 就是羊毛的含量占整件衣服的百分之九十。

师：我提醒一下，这里说的是质量之比。

生：我找的是餐巾纸，竹浆 100%，这个百分数的意思就是竹浆的质量是餐巾纸质量的百分之一百。

师：那说明什么呢？

生：说明这种餐巾纸全部是由竹浆做成的。

师：嗯，是好纸。

师：课堂时间有限，其他同学找到的百分数可以课后与同桌、好朋友交流，张老师这里也带来一个百分数，请大家看。（出示酒瓶商标）酒精：V/V38%。

师：一起读出这个百分数。

生：（齐）百分之三十八。

师：谁来说说这个百分数表示的意义。

生：就是酒精的质量是整瓶酒质量的百分之三十八。

师：请大家注意一个符号"V"，在数学中，字母 V 表示什么意思？

生：表示速度。

师：哈哈，那是小写字母 v，再说这里表示速度是指喝酒的速度吗？

（众生笑）

生：应该表示体积。噢，我懂了。这里的 38% 意思是酒精的体积占了整瓶酒体积的百分之三十八。

师：非常好，许多商品都有提示，咱们平日里要善于细致观察。

六、辨析延伸

师：学到这会儿，我们都已经认识了百分数，分数是咱们老早就认识的朋友了，那今天学的百分数与分数有什么不同的地方吗？四人小组讨论一下。

（生讨论）

师：咱们一起交流下。

生：我觉得百分数是一种特殊的分数，分母是100。

师：你说的是百分数与分数的联系，那有没有区别呢？

生：我觉得写法不同，分数写成分子、分母的样子，百分数用百分号。

师：非常好，写法不同。（出示12.5%、0%）大家看，如果用分数表示，行吗？

生：不行，这两个百分数改写成分数就不正常了。

师：嘿嘿，怎么看都觉得不正常，也可以说不规范了。还有其他什么不同吗？

生：百分数也叫百分率，分数不能叫百分率。

师：非常好，你的眼光独到。分数也能表示分率，但很多时候分数还表示数量。（出示图8-5）谁愿意来回答？

想想辩辩

下面哪几个分数可以用百分数来表示？

1. 一堆煤有 $\frac{88}{100}$ 吨，运走了它的 $\frac{40}{100}$。

2. $\frac{23}{100}$ 米相当于 $\frac{46}{100}$ 米的 $\frac{50}{100}$。

图8-5

生：第一题中$\frac{40}{100}$能化成40%，$\frac{88}{100}$不能。

师：请说理由。

生：因为$\frac{88}{100}$后面跟了单位，不表示百分率了，所以不能改成百分数。

师：非常棒，理解得很透彻。这么一说，第二题就很好判断了，就不再作讨论了。

师：同学们，到这会儿，大家对于百分数已经有了更为深刻的认识，大家对百分数还有什么疑问呢？

（生都摇头）

师：同学们，数学源于生活，在生活中有各种各样的比较，百分数的产生就是源于比较。

生：（举手）老师，那我想问，除了百分数，小数能不能也用来比较？

师：这样的提问就非常好，当然可以用来比较。

生：张老师，我也想问，既然有百分数，怎么就没有千分数、万分数？

师：这个问题提得很有见地，大家把掌声送给她。老师这里介绍一个素材，关于"ppm"，"ppm"就是一百万分之一，那为什么用ppm来表示，干吗不写成常用的百分数？我们试着算一算：1/1000000=1÷10000=0.0001=0.0001%。

师：读读这个百分数，有什么感觉？

生：这个百分数太繁琐了。

师：看看，生活中百万分之一都有，那你说会不会有万分数、千分数？

生：有。

师：估计生活中还会有——

生：十分数？

师：请大家看——（出示：商场中服饰一律打"六折"）六折，就是十分之六，就是十分数。生活中的比较，百分数不是唯一的。只要分母一致，便于比较都可以。但在实际生活的各种统计比较中，还是百分数用得最多。

【设计意图】课前曾向学生了解，儿童对于百分数这样的概念，自然会生发疑问：分数就是分数，为什么要从中分出百分数？那分出了百分数，还有没有千分数、万分数？质朴的疑问却直达我的内心，百分数仅仅只是相对比较方法中的一种常见数据，在特定的情况或要求下，百分数用来进行比较就显得力不从心，就需要有更为合理的数据来进行比较，因此，就有了 ppm、折扣等不同的概念，但说到底，这些概念不就是和百分数的理念一致吗？而这理念，不就是学生所需具备的数学眼光与素养吗？

教学反思

教师成长要勇于和自己同课异构

两次执教《认识百分数》一课，都是参加南通市级教学活动，前后相隔四年。

2009 年第五次南通市基础教育课程改革现场会在我校召开，我上了《认识百分数》的公开课，后来，我的研课日志《成长，由磨砺课堂开始》发表于《中小学数学》，并获得编辑老师宝贵的指点，其撰写了近千字的"编者按"，揭示百分数的数学知识思想，同时还语重心长地提点我应把思考与教学的触角伸向更为纵深的数学知识本质与思想的内核。

……我们感觉日志中没有反映出教师对百分数知识本身的挖掘，给人的感觉似乎这已经是不成问题的事了，没有必要再在备课中下功夫，我认为这有可能使百分数这个数学美食的营养价值大打折扣……我们想强调说教师还应从百分数的知识背景的角度来挖掘百分数的数学意义，即教师本人对百分数的认识应该是深刻的，应该在备课中表现出一定的算术理论修养……通过教学教师应该让学生懂得百分数的本质是从比的角度来刻画量，核心思想是比，比是好方法、好思想，在这个思想指导下，十分数、百分数、千分数、万分数，面对不同情况有不同的作用，各有各的方便，只要便于数、便于比较、便于理解……

编者老师的话给予我很多的启示与感悟。

四年后，南通市教育局组织名师培养对象的同课异构活动，课题又是"百分数的认识"，重新翻阅当年的研课日志，眼前又浮现出当时为准备一节公开课而日夜思考与探究的各种画面，但当时的思考与着力部分却多数是这节公开课的"表演"之处。心里不禁再次充满对编者老师的由衷感谢，不仅是因为编者老师的大力支持，让我那篇并不完美的文章得以刊发，让一位年轻数学老师获得成功的体验，激发了我努力走向优秀教师的动力，更重要的是编者老师关于提升教师数学理论素养的叮嘱为我后来的数学教学实践、数学思考研行指明了方向。

四年后再次细读编者老师的指导提示，并结合四年来自己的探索实践，关于百分数的思考有了变化：生活中的事物时常要拿来比较，并在比较中逐步生发出人们关于数量、空间、统计等的意识与思想。但比较事物却有着不同的方式，对于绝对数量，如事物的多少、大小等，可采用直接比较的方式，如六（1）班比六（2）班多2人、甲货车比乙货车多载2吨、A地块比B地块多开发了1000平方米等；但就相对数量，如六（1）班与六（2）班出勤程度的情况、甲货车与乙货车哪辆车的载货效能更高、A 地块与 B 地块的开发程度的比较，此时采用班级的"出勤人数"、货车"所载货物的吨数"、地块的"面积大小"这些数据直接比较就不能很好地加以说明了，必须把六（1）班与六（2）班"出勤人数"放到"班级总人数"的背景中，把甲货车与乙货车"所载货物的吨数"放到"车辆限载总吨数"的背景中，把两个地块"开发用地的面积"放到"地块总面积"这样的背景中去，用这两个量的比率关系去比较。百分数，让无法直接比较的两个量变得具有可测、可比、可计性，为比较提供了相对的但却更为合理的一种途径。这种思维的途径与方式以及人们在生产生活的过程中产生这种思维途径与方式的过程恰恰是百分数这个素材背后所蕴含的数学理性与文化，也即数学课堂应充分呈现给学生的数学智慧与理性。课堂的立足点如果基于此，可以让儿童获得更好的比较策略、统计思想，理解数学所独具的思想与文化。

由此，我的课堂关注点即自然生成：

其一，在学习百分数前，对于"百分数"的知识，学生已经知道多少，还有什么困惑？

其二，百分数是一种特殊的分数，如果教学的过程还是立足于分数的意义来解读百分数，那么，新课"新"在何处？如何让孩子感悟到百分数作为一种比，其本原的意义是作为一种相对性指标来进行事物间的比较？

其三，为什么在学生已经学习认识分数、比，并能够用分数、比表示两个量的关系之后，还要学习认识百分数这一特殊的分数？如何有效地开发与深入解读教材中所说的百分数"便于统计"这四字提示？

两次思考与执教《认识百分数》，让我对小学数学与数学课堂有了更为深刻的思考。四年前，基于执教百分数的感悟而撰写的文章《成长，由磨砺课堂开始》，反映了我对教师成长的理解，毋庸置疑，教师的成长需立足于课堂，通过课堂的认识与实践来增加对教学、对儿童的理解，但如何立足与把握好课堂，如何理解儿童的学习，我的思考与关注还停留在浅表处。四年后，我对百分数的思考，对课堂的思考，甚至包括对教师专业成长的思考都更深入了。

研课是中小学教师专业成长的一条必由之路，有研课经历的教师都曾感受过独上高楼、为伊憔悴、众里寻他、灯火阑珊的艰辛与美丽，领悟过思想的交锋与思维的碰撞，体会过教学相长的愉悦……这些，都是教师专业成长过程中的宝贵财富，促使教师在思考、行动、积累与反思中逐步迈向专业高度。

公开课需要教师对课堂教学有一种精益求精的自我要求，需要教师深入学习教育教学理论，把握课改发展方向，需要教师关注课堂细节的有效处理，对素材进行深入挖掘与合理呈现，需要教师在关注学生思维活动过程中恰到好处地加以点拨，对学生片面、片断的思维与语言及时加以补充、梳理、整合……因此，备一节公开课，需要教师付出大量的时间与精力。有人戏称，"磨一节公开课，就是磨掉一层皮"，但是在研完一节课后，不少教师在专业发展上可以说上了一个新台阶，有很大进步。

如何突破自己原有的思考，与自己同课异构，对教师来说是一个更大的挑战，对个人的专业发展也更有意义。这次和自己的同课异构给我的启迪是：要深入思考数学知识的内在本质，挖掘知识背后的学科发展脉络，呈现数学的价值与数学独有的文化，培养儿童的数学素养。

9. 串珠成链：数学复习课中教师的妙手编织

教学实施

"这些图形的面积都是用转化的方法推导出来的"

教学内容： 苏教版六年级下册第89—90页。

教学目标：

（1）进一步加深对图形周长、面积的意义、长度单位、面积单位及单位间进率、平面图形周长、面积计算公式的理解。

（2）明确有关平面图形周长、面积公式间的内在联系及公式的推导过程。加深对这些知识的理解，形成知识网络，优化认知结构，发展图形观念。

（3）通过系统复习、小组合作，体验合作交流、探索发现的乐趣，通过解决问题，不断增进对数学学习的兴趣，提升学好数学的信心。初步领悟数学思想，提高综合应用的能力，感受数学的应用价值。

教学重点： 复习计算公式以及推导过程，熟练运用公式计算，构建知识网络。

教学难点： 探索与创新建构公式间的内在联系。

教学过程：

一、激趣导入

师：伟大的教育家孔子曾经说过"学而时习之，不亦乐乎"。意思是说，复习已经学过的知识并从中获得理解是一件快乐的事。今天这节课我们就一起来复习平面图形的周长与面积，希望大家在复习中能够有新的收获。

【设计意图】数学复习并不是纯粹的定理、概念、习题的练习，而是知识的整合、方法的提炼、思想的领悟，这个过程需要学生情感的投入、兴趣的支撑。

二、温故——整理

师："温故而知新"，我们先一起来温故。小学阶段，学过哪些平面图形？

生：正方形、长方形、梯形、平行四边形、三角形、圆。

生：还有多边形。

生：还有组合图形。

师：这些图形都是我们熟识了的，今天我们要着重复习的是它们的周长和面积。那周长和面积一样吗？

生：不一样。

师：有哪些不一样呢？

生：我觉得周长指的是长度，而面积指的是图形的大小。

师：你的意思就是说，它们的意义不一样。

生：对，周长指的是围成平面图形线段的长度。

师：围成平面图形一周边线的长度总和是它的周长，那面积指的是什么？

生：面积指的是图形的大小。

师：这两个定义里，对面积你关注的是哪个关键词？对周长关注的又是哪个？

　　生：周长，我关注的是边线总和。

　　师：嗯，就是一周边线的长度总和。

　　生：面积，我关注的是大小。

　　生：我来补充，是这个平面图形面的大小。

　　师：结合图形来进行意义的辨析，（出示图 9-1）你能比较它们的周长和面积吗？

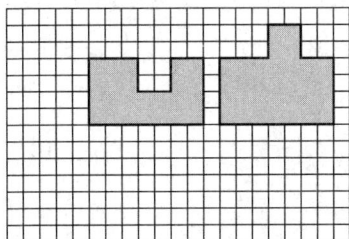

图 9-1

　　生：（上台）我是这样认为的，这两个图形的周长相等，面积不相等。

　　师：能具体说说吗？

　　生：（上台指着图）把左边这幅图的这三条边分别向上平移，那么这个图形的周长就和右边图形一样了，所以这两个图形的周长是相等的。而它们的面积，左边这幅图，是在一个长方形中少了一个边长为 2 格的正方形，右边的图形是多了一个边长为 2 格的正方形，所以右边图形的面积大。

　　师：说得真棒，请回位。我们把图形再换一下，（出示图 9-2）谁来比较这两幅图形的周长与面积？

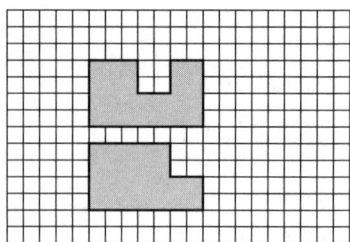

图 9-2

生：比较周长，还是可以用平移的方法，上面这幅图的周长是一个长方形加多出来的两条线段，下面这幅图平移就成为一个长方形。因为上面的图形多出两条线段，所以应该是上面图形的周长更长。

师：非常好。谁愿意说一下面积？

生：我来比较两幅图的面积，上面这幅，可以看成长方形上缺了一个边长为 2 格的正方形，下面这幅，也是一个长方形缺了一个边长为 2 格的正方形，所以它们的面积是相等的。

师：他说得好不好？

生：（齐）好。

师：看来有些图形面积相等但是它们的周长不一定相等，也有些周长相等的图形，面积却不一定相等。再来看，周长与面积除了意义不一样，我们还想到了什么不同？

生：它们的计算方法不同。

生：它们的计算公式也不同。

师：计算公式不同，说的就是计算方法不同。

生：我还想到，表示周长和面积的单位不同。

【设计意图】图形领域的内容，教材从一年级伊始就开始编排，在小学阶段涵盖于各册教科书，到六年级，各个知识点仿佛闪亮的"珍珠"散落于学生的认知之海，如何激活、组织、重构这些知识，使其有效内化？这就需要将知识进行有效的整理、组合，教师可以通过对关键概念的辨析，帮助学生把分散的知识点串起来。本课从"周长""面积"

的联系与区别入手，调动学生的知识储备，从整体上来辨析图形领域中的这两个重要概念，为本课理清脉络、建立知识结构作好准备。

师：还有很多不同之处，咱们逐个探讨。说到单位不同，那图形的周长、面积分别用什么单位？

生：计算周长我们一般用厘米、分米、米，计算面积我们用平方厘米、平方分米、平方米。

师：在数学上，这些单位分别叫什么？

生：计算周长我们用的是长度单位，计算面积我们用面积单位。

师：那这里有什么要提醒大家的吗？

生：这些单位之间的进度不一样。

师：叫什么？

生：（笑）是进率不一样。

师：举例子，具体来说给大家听。

生：厘米与毫米的进率是10，但平方厘米与平方毫米的进率是100。

师：相邻长度单位的进率是10，而面积单位的进率是100。

生：我要补充，长度单位中，千米和米之间的进率是1000，面积单位中，公顷和平方米之间的进率是10000。

师：确实如此，单位间的进率换算需要大家格外细致。老师这里有个疑问，长度单位之间的进率大多都是10，为什么到面积单位之间大多都是100了，这是怎么回事？

生：我认为，面积单位就是长度单位的平方。

师：这话怎么理解？面积是怎么求来的？

生：计算面积，就是用长度乘长度。

师：有道理。关于长度单位、面积单位的复习，我们在之前的课上已经讲过了，这里就不讲了。除了单位不一样，刚才同学们还说到计算方法不一样，大家回忆一下学过的图形，来说说它们的周长公式。

（生上台写出长方形、正方形、圆的周长公式）

师：他写出了三个图形的周长计算公式。只有这三个图形有周长吗？其他图形就没有周长了吗？

生：其他图形也有周长，但是没有计算公式。

师：那如果也要算周长，该怎么办？

生：把图形的每条边加起来。

师：哦，用这个方法肯定没错。但为什么三角形、梯形等几个图形没有周长计算公式呢？

生：那些没有周长计算公式的图形，每条边的长度变化没有规律，不方便写公式。

生：我认为这些图形的周长就是所有的边数相加，挺简单的，用不着写公式。

师：都有道理。看屏幕（出示图 9-3），这是个半圆形花坛，请大家列式解答一下周长。

计算半圆形花坛的周长

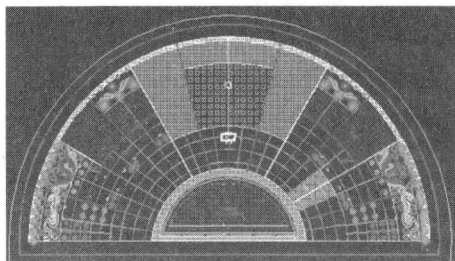

d=14m

图 9-3

生：用 14π 除以 2，再加 14。

师：这里要提醒大家什么吗？

生：因为求的是半圆形的周长，下面的一条边要加上去，所以要加上 14。

师：下面的一条边？指的是什么？

生：直径。

师：好的，还有什么要注意？

生：我们要注意除以 2，意思是求到圆周长的一半。

师：非常好。图形除了进行周长的计算，我们还要会计算它们的面积，课前大家已经把面积计算方法进行了复习整理，一起来回忆一下各个图形面积公式的推导过程。

生：我想先说长方形。

师：哦，为什么要先说长方形呢？

生：因为长方形是我们最早认识的图形。

师：好的。长方形的面积当时是怎么推导的呢？

生：用边长 1 厘米的小正方形铺满这个长方形，小正方形的个数就是长方形的面积。

师：嗯，就像这样一个一个去铺，那一定要把长方形全部铺满吗？

生：不一定，只要摆好这个长方形的宽和长就够了。

师：摆好长和宽，就可以知道一行摆几个，摆了几行，算出长方形的面积是多少了（出示图 9-4）。

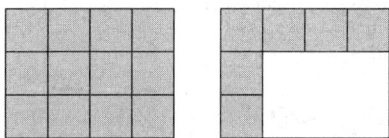

图 9-4

师：还有哪个图形跟长方形的推导差不多的？

生：正方形也是像长方形那样推导的，可以用边长 1 厘米的小正方形填满，正方形是特殊的长方形，可以用边长乘边长来算。

师：其他这些图形的面积是怎么推导出来的？谁愿意和大家讲一讲。

生：我想讲一下平行四边形。我们可以先沿着高剪出一个直角三角形，然后把三角形通过平移来弥补到另一边空白的地方，就拼成了长方形，长方形的长是平行四边形的底，长方形的宽是平行四边形的高。由此得出平行四边形的面积等于底乘高，也就是 $S=ah$。

生：我来说三角形的面积推导过程。拿两个完全一样的三角形，通过旋转平移拼成一个平行四边形，平行四边形的底就是三角形的底，平行四边形的高就是三角形的高，平行四边形的面积是用底乘高，而三角形面积是平行四边形的一半，所以三角形的面积就是底乘高除以 2。

生：我想讲梯形的面积推导过程。用两个完全一样的梯形，通过旋转平移拼成一个平行四边形，平行四边形的底就是梯形的上底和下底的和，平行四边形的高就是梯形的高，而两个梯形是完全一样的，所以梯形的面积就是平行四边形的一半，由此可以得出梯形的面积就是 $S=\frac{1}{2}ah$。

师：有同学举手了，来听听他的想法。

生：梯形的面积不是 $\frac{1}{2}ah$，应该是上底加下底的和乘高再除以二。

师：嗯，把梯形公式改一下。谁愿意继续说？

生：我来说圆形面积推导过程。首先把圆形平均分成若干份，剪开后把它拼成一个近似的长方形，这个长方形的长就是圆形周长的一半，就是 πr，长方形的宽相当于圆形的半径 r，由此可以得出圆形的面积公式是 $S=\pi r^2$。

师：大家对图形面积的推导过程、计算公式很熟悉。咱们再回头看看、想想这些图形，平行四边形、三角形、梯形、圆形，它们的面积推导有什么共同之处呢？

生：它们都是从长方形那里推导出来的。

生：这些图形的面积都是用转化的方法推导出来的。

师：这些公式中，有什么地方需要提示大家注意的？

生：梯形和三角形的公式，都要除以 2。

师：这是为什么呢？

生：因为梯形和三角形的推导过程，都是用两个完全一样的图形拼成平行四边形的，求其中的一个，必须除以2。

师：非常好。通过转化，分别得出了这些图形的面积公式，转化是数学学习中非常重要的方法，这在我们的数学学习中经常用到。

【设计意图】数学素养的提升，需要依靠知识，着眼于知识，但不仅仅为了知识，方法的提炼、思想的感悟、脉络的理解比死记硬背重要得多。

三、知新——联系

师：温故是为了知新，刚才温习了图形的面积推导过程，根据这些推导过程，大家能发现图形之间有什么联系吗？先小组内说一说。

（一生上黑板摆出各图形面积推导的排列过程，如图9-5）

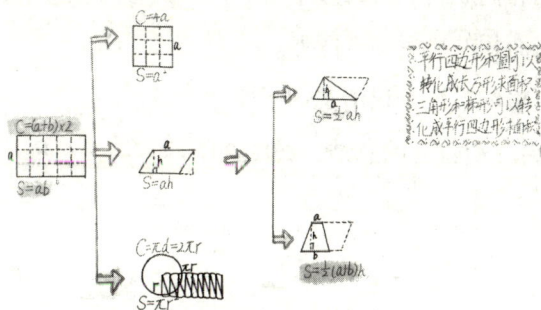

图 9-5

师：说说你为什么这样摆呢？

生：因为长方形是这些图形面积的基础，所以可以摆在最左边，平行四边形和圆可以转化成长方形求面积，所以摆在长方形的右面，三角形和梯形可以转化成平行四边形求面积，摆在平行四边形的右面。

生：我来补充。首先我提醒一下，刚刚好像漏了正方形。

生：谢谢。正方形摆在长方形的上面。

（一生上台介绍自己的总结，如图9-6）

图形名称	图形	计算公式	
		文字表示的公式	字母表示的公式
长方形		周长=(长+宽)×2 面积=长×宽	$C=2(a+b)$ $S=ab$
正方形		周长=边长×4 面积=边长×边长	$C=4a$ $S=a^2$
平行四边形		面积=底×高	$S=ah$
三角形		面积=底×高÷2	$S=\frac{1}{2}ah$
梯行		面积=(上底+下底)×高÷2	$S=\frac{1}{2}(a+b)h$
圆		周长=直径×π=半径×2×π 面积=半径的平方×π	$C=\pi d=2\pi r$ $S=\pi r^2$

图 9–6

生：我的方法是整理成表格，我认为这样更加清楚，长方形是推导出所有图形面积的原始图形，所以我把它放在最前面，接下来就是正方形、平行四边形，通过平行四边形可以推导出三角形和梯形的面积公式，所以我把它们放在平行四边形的后面，圆形放在最后，因为它是由长方形推导出面积的最后一个图形。

师：列表格的方法，很清楚。

（一生上台介绍自己的总结，如图 9–7）

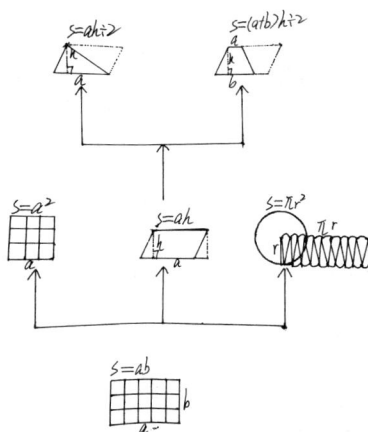

图 9–7

生：我是这样整理的，长方形放最下面，因为它是其他图形的基础，平行四边形、正方形、圆都是根据长方形推导出来的，往上放，而梯形和三角形是根据平行四边形推导出来的，放在最上面，这样我把它们整理成树形图。

师：很好，采用摆一摆或列表法来整理这些图形的面积推导。根据刚才的几种摆或列表的形式，从中又能有什么发现？

生：我认为，长方形是所有图形面积推导的基础，他们三个人的都是把长方形摆在最前面或者最下面。

【设计意图】串点成线，积珠成链，是复习结构化要求的重要表现，把散落的知识内容通过画知识树、画整体表格的方法建立内在联系，形成框架、组成结构，更有利于提升复习的效果。

师：刚才的这些方法，看上去不一样，但其实质是相同的，在这些公式中，你们认为哪条最重要？

生：我觉得长方形的最重要，因为它是基础，所以最重要。

师：老师这里也提供一个思路。把长方形、正方形、三角形、平行四边形，都可以看成梯形计算公式，能理解吗？

（生露出困惑的表情）

师：我们一起来看，如果把梯形的上底缩短、缩短再缩短，最终成为一个点，这时候，梯形的上底就是多长？

生：上底就是0，噢，我们可以把三角形看成上底是0的梯形。

师：这时候谁能根据梯形的面积计算公式来算这个图形的面积。

生：梯形的公式，这时候就是 $S=(0+b)h \div 2$。

师：接着计算，就成为——

生：$S=bh \div 2$。

师：这条公式眼熟吗？

生：这不就是三角形的面积计算公式吗？

师：刚才我们是把梯形的上底缩短，现在反过来，把上底延长，看看会怎么变化（展示延长的过程）。

生：延长后，梯形成为了一个平行四边形。

生：计算公式就是 $S=(b+b)h÷2$。

师：哦，两倍的 bh 除以 2 等于——

生：（齐）就等于 bh。

师：这个公式熟悉吗？

生：就是平行四边形的面积计算。

师：同样，如果把梯形上底或下底拓展，同样可以变成长方形或正方形。所以在这些图形中，除了圆之外，都可以转化成哪一条面积公式？

生：梯形。

【设计意图】温故而知新，有效的复习不仅仅是知识的温故，其中的创新尤为重要，能帮助学生更好地构建数学知识体系，提升他们学习数学的兴趣。以梯形为平面直线图形的联系点，呈现梯形、三角形、平行四边形、长方形、正方形之间全新的一种关系，为学生开启了一个新的观察、联系图形的视角，整合了图形间的联系，提升了复习课的品质。

四、辨析纠错

师：通过温故，我们确实有了新的收获。课前还做了练习，请大家拿出练习纸。让我们来看看第一组的三道题（出示图9-8），有什么要提醒大家的？

生：解答第 1 题中的第 2 小题，要注意用对应的一组底和高，还有别忘记计算三角形的面积要除以 2。

师：这个提醒大家都要注意。如果三角形中增加一条高（在底 50 的边上作高），你能求出这条高的长度吗？

生：$40×30÷50$。

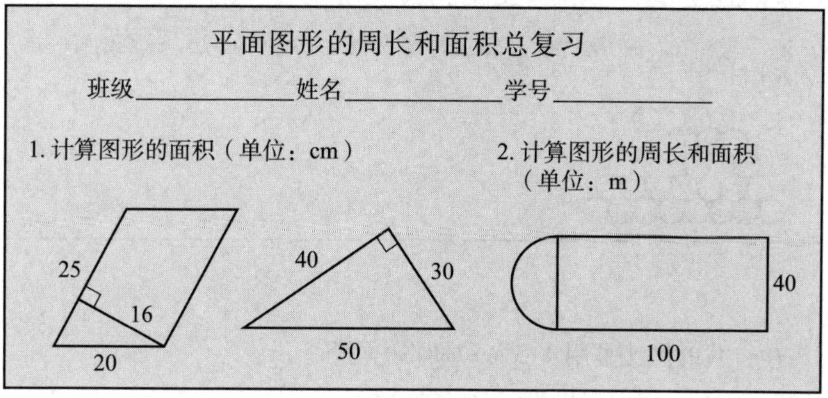

图 9-8

师：好的，看看这几题中还有什么要提醒大家的？

生：第 2 题计算周长，要注意半圆的直径在图形的内部，是拼在一起的，不能算在周长里。

师：对，周长的意义是指一周边线的长度和，图形内部的线条不能算入周长。那计算面积有什么要注意的吗？

生：计算面积的时候，要注意是半圆与长方形的面积的和，求半圆要记好除以 2。

【设计意图】犯错误是学生学习过程中难免的，进入复习阶段，随着题量的增多，学生的错误就更多地暴露出来，数学课堂就是呈现学生错误的地方，课堂上错误不呈现，那么学生的错误就只能呈现在作业中、试卷上。暴露错误，分析错因，改正错误，学生的数学学习才会更出色。

五、拓展提高

师：同学们，复习不能仅仅满足于一些基本的知识，我们还要有所提高，有所发现。看课前练习第 5 题（出示图 9-9），这道题有两种做法，请两位同学来说说你们当时是怎么想的，和大家交流交流。

5. 一堆钢管，最下层8根，每往上一层小1根，共叠放了5层，这堆钢管一共多小根？

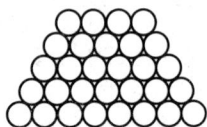

图 9-9

生：我的做法是用 4+5+6+7+8=30（根）。

师：采用连续加的办法，算出总根数。

生：我的做法是把这堆钢管看作是一个梯形，上底是 4，下底是 8，高是 5，所以我用梯形面积计算的方法来解决，列式是（4+8）×5÷2=30（根）。

师：采用梯形面积计算的方法求钢管的总根数，其实就是把一根钢管看成一个面积单位，求这里一共有多少个这样的面积单位。

师：这堆钢管如果重新摆，摆 8 层（出示图 9-10），这时摆成了什么形状？

图 9-10

生：摆成了一个三角形。

师：大家都同意吗？

生：（齐）同意。

师：那怎么求总根数？大家都来算一算。

（请三位同学分别上台板书）

8×8÷2=32（根）

1+2+3+4+5+6+7+8=36（根）

（1+8）×8÷2=36（根）

师：出现了三种方法，到底谁的过程与答案正确？

生：我认为第二种答案正确，因为采用连加的方法一定没错。

师：连加的方法是很好的一种验证，那第一和第三种方法区别在哪里？

生：第一种方法是计算三角形的面积，第三种是计算梯形的面积。

师：刚才你们都说图形是三角形，那是第三种方法有问题了？

生：（迷惑）老师，但第三种方法的答案和连加的答案是一样的。

师：那问题到底出在哪里？大家小组商量一下。

（生讨论）

生：我们觉得第一种方法是错的。

师：为什么是错的？

生：这幅图并不是三角形。看上去像三角形，但最上面的是一根钢管，如果是三角形，最上面应该是0。

师：非常好。同学们，有时候眼睛会欺骗大家。同样是钢管，如果张老师把钢管的形状改一下（出示图9-11），大家看，这还是三角形吗？

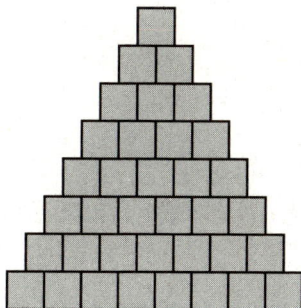

图 9-11

生：（齐）不是。

师：图最上方的那根钢管是关键，因此，采用三角形的面积公式来计算就出问题了。应该把它看成怎样的图形?

生:我们应该把这图看成一个梯形,上底是1,下底是8,高是8。

【设计意图】来自生活中的趣题,着眼图形的关键部位,引导学生思考、辨析与解决问题,既提高了学生的兴趣与学习积极性,也让学生更好地辨析了题目,提高了解决问题的能力。

六、回顾总结

师:到这会儿,这节课接近尾声了。说一说这节课,你有哪些收获?

生:我清楚地知道了图形周长与面积的联系与区别。

生:把各个图形面积的推导过程整理相连,我就更清楚了。每个图形的面积公式也记得更清楚了。

师:如果同学们忘记哪一条公式了,大家也不用着急,这张面积推导的结构图,能够帮助大家推出那个图形的公式。

师:通过大家课前的整理与练习,课上的思考与交流,我们复习了平面图形的周长与面积的计算,更重要的是我们通过转化,将这些图形串联在了一起。是的,知识之间往往都是紧密联系的!抓住联系展开学习,也是非常重要的学习方法。期待大家在复习的路上能收获更多!

教学反思

结构化:数学复习课的应然要求

时常听到数学教师说"复习课难上",尤其是六年级面临毕业复习的数学教师。在一定的学业负担下,师生都显示出不同程度的焦虑,为追求复习课的"亩产"效应,表现到课堂中就是集中性的"温概念、做习题",课堂气氛沉闷,题量越做越多,题目越做越难。

在复习阶段，教师办公室的谈话也少了往日的欢乐，总是围绕着学生那么多的错题需要订正、教学进度提不快等有些沉重的话题。在学校的教研活动中，鲜有教师选择总复习课这样的课型提供观摩与研讨的案例。老师们普遍的感受就是，总复习课，知识点分散，课堂教学除了练习与习题外，不知道该怎么组织素材与内容。

确实，复习课既不像新授课那样有"新鲜感"，也不像练习课有"成就感"，但它却是小学数学教学中的一个重要环节，是使学生进一步理解、掌握、巩固和运用所学知识的系统化过程。我决定"迎难而上"，在由学校主办的一次市级教学研讨活动中执教《平面图形的周长与面积的复习》公共课。

这是苏教版六年级下册的一节总复习课，是小学学习收官阶段图形与几何领域的重要课时，是对学生分阶段、分册所学习的图形周长、面积概念、计量单位及计算方法作出的辨析、整合与总结，也是孩子们在即将升入七年级学习相关图形的基础，在学生认知过程中起着重要的承上启下的作用。在小学阶段中，学生已学过平面上的直线图形，长方形、正方形、平行四边形、三角形、梯形、曲线图形圆，还有多边形、组合图形等，学习的内容与过程都是分年级分册出现的，散落于六年中的各个学期。

建构主义理论认为，知识的习得、意义的理解过程并非简单的刺激与反应，而是学习者在一定的情境中，借助其他人（包括教师和学习伙伴）的帮助，利用必要的学习资料，通过意义建构的方式而获得。学习者把有意义的新信息吸收并结合到自己的认知图式中，成为学习者心智的一部分。而在这个过程中，知识的意义与结构呈现方式是学习者学习过程的"支架"，能更好地促进学习者的学习。教师要给儿童学习提供脚手架，或是串联知识珍珠的那条重要的"绳"。

因此，富有经验的教师在学期之初或进入复习阶段会让学生阅读教材或书本的目录，其目的就在于让学生在脑海中形成关于一个学期所学内容的整体认知。结构化将使学生的认知图式清晰、稳固，在需要提取信息时能快速、准确。

回到《平面图形的周长与面积的复习》一课，对于即将小学毕业的六年级学生而言，虽然他们初步具备主动学习、自学思考的能力，但仍较多重知轻思，忽视图形研究的过程与方法。同时，由于本课所涉及的内容在小学阶段中分册、分散出现，许多知识已然在学生的认知结构中"缄默"了。复习课，就是要激活、唤醒这些知识。重新激活的过程并不只是唤醒"缄默"的知识，更需要把这些知识珍珠组织连串，因此，如何编织成串是复习课备课中教师要重点思考的点。我认为，把珍珠串成项链，那根"绳"是起到核心凝聚作用的要素，绳子不着力，珍珠最终还是会散落。这根"绳"就是有效的教学计划、组织与实施，

就一节复习课而言，这根串珍珠的"绳子"应有多股线索盘绕而成，知识呈现的前后顺序、思考各图形间的相互关联是其中的明线，而教师的课堂组织结构与教学设计是前后贯穿的暗线。这样的明暗交错，提高了"绳"的力度与强度，能把散落的知识珍珠更为牢固地贯穿成一条美丽的项链。

就这节图形的复习课而言，串起珍珠的"绳"还包括各图形公式推导的过程、方法与建构图形之间的联系，各图形研究方法的前后联系。建立网状或树状的知识结构是一条明线；学生数学思想的形成与建设是一条暗线。

我以课前的知识梳理为基础，课堂直接从辨析平面图形的"周长""面积"的概念区别入手，并以一种全新的视角与动态过程，呈现几种图形的内在联系，通过"分块梳理—建构网络—练习应用"等环节，让学生通过独立思考、操作探究、交流碰撞，去理清脉络，构建知识体系，提高学习与运用的能力。在教学过程中，我着重注意以下几点：

（1）注重呈现"数学知识的生活性"，让学生学习有价值的数学。

我在教学中注重学生数学意识的培养，使学生认识到"数学来源于生活，运用于生活"。教学内容的引入、练习的设计，都让学生感受到数学就在我们的身边，数学与生活同在。

（2）注重凸显"学生学习的主体性"，让学生自主探索与合作交流。通过小组活动、合作、共同探讨，尽量让学生去说、想、做，让学生在参与中复习知识，得到启迪，习得能力。面积计算公式的推导、知识网络的构建，我都让学生在小组内讨论、合作交流中完成，充分体现了学生的主体性。

（3）注重挖掘数学的思想，呈现"完整的数学学习过程，让学生感受数学学习的方法"。学生通过割、补、平移、旋转等方式将图形进行转化，唤醒旧知，操作活动让学生有效地学习，并在动手、交流、探索中体悟数学的思想方法。

（4）注重数学知识的温故创新。虽是一节复习课，各知识点都是同学们曾经学习过的，但我在温故的同时注重图形间联系的创新，让同学们感受知识点间的联系角度的新颖，从而更好地建立起知识的关联。

10. 习题教学：远离题海战术

我曾在教研组研讨、集体备课交流等活动中将习题教学作为一个专门的话题与数学教师讨论，不论是富有经验的老教师、中青年骨干教师，还是入职不久的青年教师都觉得每节习题教学课是差不多的模式——解题、讲评、批改、纠错、考查，师生顺着教科书习题编排的次序，依次练讲，练完讲完就算完成了本课的教学任务了。这也是目前习题教学课中普遍存在的问题，即许多教师只关注习题教学中"双基"（基础知识、基本技能）的巩固，忽略了习题教学中数学思想的渗透，有时还会为了考分，采用题海战术，不加甄别地让学生大量做习题。

以下选取二个素材，分别通过习题指导课中最常见的习题设计、课堂实录、教学设计三种形式来阐述习题课教学的三种典型形式，探讨习题教学课应该如何上才有效。

教学实施

习题课教学的三种典型形式

一、合理调整，精选习题——以六年级上册《比和比的基本性质》习题设计为例

图 10-1 是《比和比的基本性质》习题课的教科书习题编排内容。

教师可以对习题进行二次精选与调整，以达到更好的习题教学效果。

6.化简下面各比。

(1) 20 : 8   36 : 2 $\frac{102}{68}$

(2) $\frac{1}{3} : \frac{4}{5}$ $\frac{3}{7} : \frac{5}{21}$ $\frac{4}{15} : \frac{4}{25}$

(3) 0.32 : 0.8   1 : 0.25   1.35 : 9.25

7.《中华人民共和国国旗法》规定，国旗的通用规格有以下五种。写出每种规格国旗长与宽的比，并化简。

长/厘米	288	240	192	144	96
宽/厘米	192	160	128	96	64

8.分别写出每组正方形边长的比和面积的比，并化简。

(1)   (2)

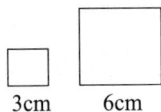
3cm   6cm

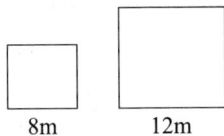
8m   12m

9.化简下面各比，并求出比值。

比	4 : 16	5.6 : 4.2	75 : 25
化简后的比			
比值			

10.先估计，再量一量、填一填。

(1) 红色部分的长度与彩条全长的比是 _____，比值是 _____；

(2) 绿色部分的长度与彩条全长的比是 _____，比值是 _____；

(3) 红色部分与绿色部分长度的比是 _____，比值是 _____。

11. 把下面各比改写成后项是100的比。

(1) 小华做黄豆种子发芽试验，发芽的种子与试验种子总数的比是18 : 25。

(2) 新光电视机厂九月份完成的产量与计划产量的比是214 : 200。

图 10-1

第一环节：

（1）化简下面各比，并求比值。

$20:8$　　$\dfrac{102}{68}$　　$2:0.125$　　$1.35:9.25$　　1.2 米 $:9$ 分米

（2）$15:$（　　）$=$（　　）$:15=0.6=$（　　）$:$（　　）

$\dfrac{21}{（　）}=\dfrac{（　）}{30}=$（　　）$:24=14:6=$（　　）$:18$

（3）$4:5$ 的前项乘 3，要使比值不变，后项应该乘（　　）或增加（　　）；

$4:5$ 的前项加上 6，后项应加上（　　），才能使比值不变；

$A:B$（$B\neq0$）的前项乘 5，要使比值不变，后项应加上（　　）。

【设计意图】通过第 1 题的练习，主要让学生弄清楚化简比和求比值的区别，并能根据实际情况灵活选择方法。如 $2:0.125$，较多学生在化简的时候，习惯上把比的前项和后项同时扩大 1000 倍，变成 $2000:125$，再约分化简，如果习题教学课能通过这个习题，启发学生想到可以把 0.125 化成 $\dfrac{1}{8}$，或者能在 0.125 这个特殊的数字启发下，想到将比的前项和后项同时乘 8，这种突破常规的方法与将比的前项与后项同时扩大 1000 倍的方法相比，更为简约。

第 2 题中的第 1 小题，可以让学生根据比和除法的关系，把填空题改换成 $1.5:x=0.6$，$x:1.5=0.6$ 的形式来思考，以通过求 x 来解答，也可以根据小数、分数、比的三者之间的关系，把 0.6 化成 $3:5$ 或 $\dfrac{3}{5}$，然后通过比的基本性质来求解。第 2 小题要让孩子们发现，虽然 21 不是 14 的整倍数，但是 $14:6$ 不是一个最简整数比，因此，先把 $14:6$ 进行化简，然后再根据比的基本性质填空，以打破常规习题的思维定势，拓宽学生的思维。

第二环节：

（4）分别写出每组正方形边长的比，再写出它们周长的比、面积的比，并化简。

3 厘米

6 厘米

8 厘米　　　　12 厘米

【设计意图】深入领会教科书编排本题的意图，让学生正确写出边长比、周长比和面积比，并化简，在此基础上，通过这道题的练习使学生发现正方形边长比、周长比与面积比之间的规律。

第三环节：

（5）先估计，再量一量、填一填。

（1）红色部分的长度与彩条全长的比是 _____，比值是 _____；

（2）绿色部分的长度与彩条全长的比是 _____，比值是 _____；

（3）红色部分与绿色部分长度的比是 _____，比值是 _____。

（6）我们班有男生 30 人，女生 24 人。根据这两个已知条件，能说出其中的比，并化成最简整数比。

（7）能用不同的方法说说每句话的含义。

①红花的朵数是黄花朵数的 $\frac{5}{7}$。

②小明集到的邮票张数是小红的 1.5 倍。

【设计意图】从学生比较熟悉的生活情境入手，把比和以前学习的分数联系起来，使学生能把分数转化成比，把比转化成分数，把小数转化成比，为学习比的应用作好准备。

第四环节：

判断题：

（1）小明的邮票张数是小华的 $\frac{3}{5}$，那么小华的邮票张数与小明的比是 5：3。

（2）一个正方形的周长与边长的比是 4。

（3）今年小明和妈妈年龄的比是 1:4，5 年后小明和妈妈的年龄比还是 1:4。

（4）如果 $x:y=8$，那么 $\frac{x}{8}:\frac{y}{8}=1$。

（5）香蕉质量的 $\frac{1}{6}$ 等于苹果质量的 $\frac{1}{8}$，那么香蕉质量与苹果质量的比是 4:3。

【设计意图】这是教师从平日学生的作业中搜集到的一批典型错例，引导学生从这些错例中去反思错误产生的原因。第 1 小题考查学生对比的两种表示方法的掌握，第 2 小题考查学生对比和比值的区别的掌握，培养学生细心审题的能力。第 3 小题学生可以通过举例的方法来验证，或者能与第二环节的练习联系，同时加上一个数，比值要发生改变。第 4 小题把比的基本性质融入到习题中，并采用分数的形式呈现，学生很容易被误导。第 5 小题考查学生能否运用设数法、画图法和倒数的知识来解决问题。

二、整体设计，结构呈现——以五年级下册《圆的面积》习题教学课堂实录为例

1. 基本练习——回顾巩固

第一环节：

师：上一节课，老师和大家一起学习了圆的面积计算。大家都学会了吗？

生：学会了。

师：告诉老师圆的面积怎么算。（结合学生的回答，板书相应的公式。）（出示图10-2，无任何数据。）

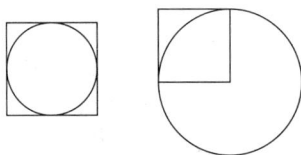

图 10-2

师：这两个圆，你们能算出它们的面积吗？

生：不能，我们不知道条件。

师：知道什么，就能算了呢？

生：如果告诉我们圆的半径，我们就能算出圆的面积。

师：现在老师添上一些数据（出示图10-3），能算了吗？你是怎么想的？

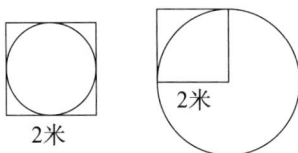

图 10-3

生：左边一个图形，知道圆的直径是 2 米，求圆的面积就是 π ×

（2÷2）²。右边一个图形，知道圆的半径是 2 米，求圆的面积就是 2²π。

第二环节：

师：已知半径、已知直径都能算出圆的面积，如果已知圆的周长，你会算圆的面积吗？

生：会。

（师出示习题：育才小学有个圆形花圃，周长 25.12 米，这个花圃的半径是多少米？面积是多少平方米？）

师：说说准备怎么算，并独立计算在作业纸上。

（校订时，展示一个学生的错误，让其他学生纠正，共同明确计算方法。）

师：刚才我们算了几个圆的面积，在算圆的面积的时候，你最希望知道什么数据？

生：半径

师：如果不知道呢？

生：知道周长也可以计算出半径。

第三环节：

师：这题还没完。如果一个花圃的周长也是 25.12 米，只是这个花圃是正方形的，你觉得面积会更大一些吗？实际面积是多少呢？

生：我觉得正方形的面积会小一些。

生：我不确定，需要计算正方形花圃的面积。

师：要通过计算说明。该怎么算呢？

生：先算出边长，再计算面积。

（生在作业纸上计算，允许使用计算器。）

师：（展示一个学生的作业纸）一种围成圆形，一种围成正方形，什么没变，什么变了？

生：周长不变，形状变了。

师：仔细观察正方形和圆这两道题目的计算结果，你有什么想说的吗？

（引导学生发现：这个圆和正方形周长相等，面积不等；计算结果说明，同样的周长，围成的圆形比围成的正方形的面积大。）

【设计意图】在前一课时刚刚学过计算圆面积的情况下，通过适当的形式对知识进行回顾和巩固显然是练习课的基本价值所在。第一、二环节重点解决已知半径、直径、周长怎么算圆的面积，属于基础练习，但在呈现方式上作了一点调整，没有直接出示半径、直径、周长，而是借助正方形间接地给出半径和直径。这样做试图让学生直观地比较圆形与正方形的位置、大小关系，进一步体会图形间的联系，发展空间观念。第3环节通过情境引导学生比较周长相等的圆和正方形的面积，使学生在解决问题的同时，获得一次思维的提升。

2. 实践运用——解决问题

第一环节：

师：发现了这个规律，有些事情就简单多了。比如，给你一些栅栏，让你围成一个花坛，要想使绿化面积尽可能大些，你准备围成什么形状呢？

生：我想围成圆形，面积会更大。

师：还真有一个圆形花圃（出示图10-4，无周长数据）。要算这个花圃的面积，你最想知道什么？

图10-4

生：如果知道半径，我就能算出面积。

生：如果知道直径，也能很快算出面积。

生：告诉我这个花圃的周长，我也能很快算出面积。

师：如果让你量，你打算怎么量呢？说说自己的想法。

生：量直径好量，我来量出直径。

生：不对不对，我觉得量直径不方便，因为我们不知道圆心在哪里。

生：对啊，如果能够把它对折就好了。

（众生笑）

生：但是这是花圃，不能对折。

生：半径也不太好量。

（讨论交流得出：这个花圃量半径和直径都不方便，量周长再算面积比较好。）

第二环节：

师：其实，生活中像这样的例子还很多。（出示图10-5）这四种情况要算面积，如果是你，会去量什么呢？

图 10-5

（学生展开讨论：圆桌面的面积测量直径比较方便；铅球投掷圈量半径比较好；轮胎的面积量半径、直径都可以；祈年殿的占地面积需要先测量周长。总之，要根据实际情况测量合适的数据，再算面积。）

第三环节：

师：课堂时间有限，老师不能让你们实际去量。不过，可以提供给大家相应的数据。

①圆桌：周长 3.768 米。

②铅球投掷圈：直径 2.1 米。

③轮胎：半径为 30 厘米。

④祈年殿：周长大约为 76 米。

师：现在能算面积了吗？

【设计意图】本环节主要解决教材安排的四个实际问题。根据教材原本的安排，这四个问题是以实际问题的形式呈现的，已经告知了圆形物体的半径、直径或周长，学生要做的仅仅是选取合适的公式进行计算，训练的只是计算技能。改编后把这四个问题统整在一个大的生活背景之下，通过设置问题"要算面积，如果是你，会去量什么"，引导学生设身处地地根据实际情况去选择合适的测量数据。毕竟，在实际生活中，通过现成的数据来计算圆的面积是不多见的，相比起来，方法的选择与优化倒更切合数学的本质。

通过习题练习，如何将学生头脑中零散的知识点进行整合，形成结构化的知识体系，这是教师应该思考的。习题课的组织形式应努力呈现整体的、结构化的形态，这对培养学生思维品质、提升解决实际问题的能力是大有好处的。

三、优化组合，拓展延伸——以三年级下册《除数是一位数的除法》练习课教学设计为例

```
1. 口算下面各题。
   800÷2          280÷7          690÷3          300÷6
   320÷8          500÷5          440÷4          460÷2
2. 369÷3              423÷3              672÷6
   360÷3              423÷4              620÷6
   306÷3              423÷4              602÷6
3. 848÷4÷2            900÷2÷3            909÷3÷3
   848÷8              900÷6              909÷9
```

第一环节：口算练习

① 800÷2　② 280÷7　③ 690÷3

④ 300÷6　⑤ 320÷8　⑥ 460÷2

提问：

（1）800÷2 你是怎样口算的？ 320÷8 呢？

（2）如果根据商的情况把这些算式分成两类，可以怎样分？

按商的位数来分，商是两位数的一类，商是三位数的为一类。

【设计意图】引入分类思想。通过分类，引导学生将知识由零碎到系统进行整合，学会从整体上把握结构，从而更好地内化计算方法。

（3）为什么都是三位数除以一位数，有的商是两位数，而有的商是三位数？

【设计意图】追问的问题要让孩子把目光聚焦到算法的重点上来。被除数的最高位不够除，就用前两位去除。

（4）用这样的方法来判断下列一组题目：

①先说出商是几位数，再说说是几十多或几百多。

640÷8　　814÷8　　750÷2　　286÷7

②要使商是三位数，□里可填几？

□25÷5　　350÷□

（追问：0为什么不行？）

③□里都填8，商是两位数的算式有（　　　　）。

A. 728÷□　　　B. 828÷□　　　C. 928÷□

第二环节：笔算练习

A. 614÷6　　B. 414÷3　　C. 980÷7

D. 604÷5　　E. 992÷8　　F. 603÷3

学生练习，教师讲评，并提问：

（1）按商的情况将答案分类，有余数的一类，没有余数的一类。遇到有余数的除法，我们需要注意什么原则？为什么？

（2）对结果中有0与结果中没有0的，举例说说商中间的0是怎么算出来的？被除数中间有0，商中间就一定有0吗？（能否在这六条算式中找到反例？）

（3）对商末尾有0与商末尾没有0的，如③④题商末尾的0是怎么算出来的？被除数末尾有0，商的末尾就一定有0吗？（能否在这六条算式中找到反例？）

（4）根据刚才的讨论，大家来完成下列题目。

6□5÷2　　要使商中间有0，□里可填（　　　　）

56□÷7　　要使商末尾有0，□里可填（　　　　）

【设计意图】考虑到三位数除以一位数的除法作为计算单元的基础知识与基本技能对学生的数学学习与数学发展具有重要的基础作用，以及0在这个单元中易错的原因，本课在笔算练习的过程中，精选习题，力图涵盖各种情况，让学生在讨论的过程中对各种情况进行分类，形成体系。同时，有意识地提升估算在除法计算中的作用，以估算来找寻除法中的规律，以估算来对问题进行预测与验证，培养学生在实际的问题情境中选择合理算法的能力。

第三环节：找寻规律

（1）给下列算式按结果的大小顺序排列。

360 ÷ 3　　369 ÷ 3　　306 ÷ 3

①能否不计算，就能给这三条算式按商的大小来排队？说说你的想法。

②为什么被除数越大，商就越大？

③谁能用自己的话来概括下这组题目背后蕴藏的规律。

（2）给下列算式按结果的大小顺序排列。

423 ÷ 3　　423 ÷ 4　　423 ÷ 6

①观察这组题目，与刚才的一组又有着怎样的不同？

② 你能否不计算，就能给这三条算式按商的大小来排队？说说你的想法。

③为什么除数越大，商反而越小了呢？

④谁能用自己的话来概括下这组题目背后蕴藏的规律。

（3）检测练习。

①比较各组算式的大小。

250 ÷ 2 ○ 310 ÷ 5　　550 ÷ 5 ○ 505 ÷ 5　　600 ÷ 6 ○ 600 ÷ 4

②李庄挖一条长 840 米的水渠，如果 8 天挖完，平均每天挖多少米？如果 7 天、6 天或 5 天挖完呢？

挖的天数	8	7	6	5
每天挖的米数				

用这节课所学的规律来说说，下一行的结果应有着怎样的变化？计算验证下。

③一个用铁丝折成的六边形，它的每条边都是 24 厘米，现在要把它改折成一个正方形，这个正方形的边长是多少厘米？

引导学生思考：在这样的一个变化过程中，什么发生了改变？什么没有变？根据这样的内在关系，可以求出结果吗？要求解释每步的含义。

④小红在计算除法时，错把除数6看成了9，结果商24余8，请算出原来的正确结果。

【设计意图】练习课既要注重数学学习的趣味性，更要注重数学学习的实效性，应该是知识梳理和思维提升的有机结合。在整个过程中，应把练习、感悟的机会还给学生，让学生在愉悦的气氛中潜心思考、寻求方法、探究规律。

这节课没有把第3组除法的运算性质纳入练习，是因为一节课的时间是有限的，如果我们把重点放在除法的计算方法、估算、找出规律上，那么除法的计算性质这一知识点就来不及在本课消化，同时，受减法的计算性质的迁移，对除法的计算性质，学生比较容易理解，所以，本节练习课着重于第一要点，突出重点，提高实效。

教学反思

深思与力行

习题教学是小学数学教学中最常见、常用的训练方式之一，习题教学课是紧随新授课的小学数学常见课型。某种程度上来说，新授课也是典型习题的教学课，并且，新授课中同样不缺乏习题教学的环节。可以说习题伴随着师生数学学习的每一天。

通常，教师对教科书中的习题有两种态度：一是视教科书习题为"圣经"，严格按照教科书的习题、编排次序进行，不作变式、不作调整，没练完、没讲完就意味着自己的课堂教学任务还没完成，哪怕拖课也要讲完；二是忽视教科书习题，认为教科书中的习题较为基础与简单，将教科书中的习题作为学生课后作业，习题课上教学的都是自己补充的较为偏、难、繁的内容。

这两种教学态度看似不同，但问题却是一致的：

（1）对习题缺乏深入研究、领会。教学停留于就题论题的阶段，不挖掘、不变化、不延伸。

（2）对习题课教学的组织形式缺少思考与设计，形式单一。常见的教学形式或者是前半课学生做后半课全体评，或是学生做一道评一道。课堂沉闷，效率低下。

（3）对习题的教学功能认识不足。以应试为习题教学的主要目的，将原来由学生自己在实践中体会、归纳解决问题的方法，改由教师讲解、传授。比如，指导分数乘法，如 $\frac{1}{2} \times \frac{1}{3} = \frac{1}{6}$，教师直接告知：分母相乘得分母，分子相乘得分子。这样的教学忽视了分数乘法的内在算理，减弱了习题的数学思想功能，忽略了学生自身的思考、经历与体悟的过程。

（4）对学生的错题资源缺少研究与利用。由于许多教师认为小学数学习题不存在特别的难度，因此，往往课前没有对教科书习题以及配套的习题等进行范做，这样，就对学生易混、易错的习题缺乏预判，就不能把握学生作业中的状况，同时也缺乏对学生错题资源的研究与有效利用。

习题教学课之所以出现这样的问题，说到底，其根本原因首先是教师对习题教学的意义仍不能充分理解。习题教学的意义在于：一是内化与巩固概念，发展学生的四基；二是判别与诊断教学实施情况与学生掌握的状况，及时反馈，或矫正，或延伸。

其次是教师备课准备不足。一些教师忽视习题课的备课，认为小学数学习题教学是一件简单的事，教材习题难度低，自己的知识储备、解题经验足以应对小学数学的习题指导，对于习题课教学思考不够、挖掘不够、组织不够。以准备不足的状态进入课堂，教学效果自然可想而知。因此，提升习题课教学实效与质量的关键就又回到教师平日工作中所提的最多的一个话题上来，那就是要重视习题课的备课思考与教学执行，即所谓行之前要深思，思之后要力行。

1. 行前之深思：提前介入，研究教科书习题的内在思想

教科书中的习题承载着教学目标和要求、数学内涵与思想，教师不应该只停留于做、讲这个层面，要深入研究，在备课的过程中多思考，从专业的角度来解读习题的内在意蕴与数学思想。行前之深思，"思"也就是数学教师的备课思考：教学理念之思、品读习题之思、习题内涵之思、学情预判之思、课堂结构之思、组织形式之思、数学思想之思。

（1）读懂编者编题的意图。

习题编排承载着编者的意图与思想，教师需要认真揣度，对教材修订前后的习题变更、本章节中的习题编序、对比组习题的用意等进行分析，在读懂、理解习题编排意图的基础上进行习题教学与指导。

（2）读懂习题安排的内在本质。

习题承载着数学知识和数学思想，学生解题的过程往往就是对习题中数学本质的理解、探索的过程。习题结果无疑是重要的，但如果仅仅注意结果，则习题所承载的数学价值将得不到充分发挥，因此，教师要读懂习题内在的数学本质与价值，除了引导学生得到正确的答案，更要引导学生发现数学的思想与本质。

（3）读懂习题在知识系统中所处的地位和作用。

教科书上的习题常常是逐个独立呈现的，苏教版教科书编排的原则之一是"螺旋上升"，即绝大部分的习题在本单元独立呈现的同时，又与前后多个知识点具有紧密联系，教师备课时，应该站在知识系统的高度，做到既要"瞻前"，也要"顾后"，除了着眼于本单元概念、知识点的习题，也要将习题置于教材知识链的前后关联中，以达到深化知识、渗透新知、

系统推进的目的。

（4）读懂习题动态生成的过程。

教科书受到客观条件的限制，习题都是以文字、图片等形式呈现出来，其信息的形态都是静态的，教师若能恰当地化静为动，则习题的趣味性、数学思考的深度与广度都会有很大的提升，呈现给学生的也是更具探究性和更开放的练习空间。

教科书的陈述性要求只是静态地让学生读题、懂题、练题，教师要做的则是将静态的信息转化为有利于学生自主探索的动态资源，以动促思，帮助学生实现思维的一次飞跃。

（5）读懂习题渗透的数学思想。

苏教版小学数学教科书在编排体系上有两条线索：其一是数学知识体系，这是写在教科书上的明线；其二是数学思想体系，这是教科书编写的指导思想，是一条暗线。思想方法作为教科书的暗线，最终落脚于知识与技能中，当然也蕴藏在一些习题中，教师要抓住这样的思想，并恰当地运用于自己的教学实践过程中。

2. 思后之力行：精心设计，组织习题课教学形式

备课中对习题的思考与领会，让我们能对所教学的内容做到心中有数、胸中有谱，在思考与研究习题之后，我们必须精心设计习题课的组织形式，精当的组织形式可以有效提升习题教学课学生的兴趣、教学的质量与效果。

总而言之，"行前之深思"是指教师的备课思考，包括思考教学理念，品读习题，作学情预判，思考课堂结构与组织形式，思考数学思想。"思后之力行"是指在胸有成竹之后所付诸的教学引领行为、课堂组织行为、介入策略行为。在深思与力行之下，习题教学课将会焕发出别样的精彩。

图书在版编目（CIP）数据

课堂不能只教知识:小学数学精彩课堂10例/张范辉著.—上海:
华东师范大学出版社，2017

ISBN 978 - 7 - 5675 - 7073 - 3

Ⅰ.①课... Ⅱ.①张... Ⅲ.①小学数学课—课堂教学—教学研究

Ⅳ.① G623.502

中国版本图书馆 CIP 数据核字（2017）第 260838 号

大夏书系·数学教学培训用书

课堂不能只教知识：小学数学精彩课堂10例

著　者　张范辉
责任编辑　任红瑚
封面设计　百丰艺术

出版发行　华东师范大学出版社
社　址　上海市中山北路3663号　邮编　200062
网　址　www.ecnupress.com.cn
电　话　021‑60821666　行政传真　021‑62572105
客服电话　021‑62865537
邮购电话　021‑62869887　地址　上海市中山北路3663号华东师范大学校内季蜂路口
网　店　http://hdsdcbs.tmall.com

印刷者　北京季蜂印刷有限公司
开　本　700×1000　16开
插　页　1
印　张　12
字　数　150千字
版　次　2017年11月第一版
印　次　2017年11月第一次
印　数　6 000
书　号　ISBN 978‑7‑5675‑7073‑3/G·10716
定　价　36.00元

出版人　王焰

（如发现本版图书有印订质量问题，请寄回本社市场部调换或电话021-62865537联系）